落合陽一
34歳、
「老い」と向き合う

超高齢社会における新しい成長

落合陽一

中央法規

落合陽一

34歳、「老い」と向き合う

超高齢社会における新しい成長

はじめに：「老い」を考え、「成長」を定義し直そう

30代中盤、父になって訪れた変化

本書は、僕・落合陽一が、「老い」について考える本です。

これまでテクノロジーやビジネスに関する書籍を多数執筆してきた僕が、なぜ「老い」をテーマに本を作ろうと思ったのか。その説明から始めたいと思います。

僕は１９８７年9月16日生まれで、２０２１年には34歳の誕生日を迎えました。これまで研究者、メディアアーティスト、起業家として、がむしゃらに手を動かし続けてきましたが、30代も中盤に差し掛かりつつある昨今、20代の頃のような

無茶な働き方はできないかもしれないと感じるようになりました。つまり、ある種の「老い」を実感するようになったのです。

人生100年時代ともいわれる現代、34歳なんてまだまだ「若手」だということは重々承知していますが、それでも自分の身体や精神に何らかの変化が起こっているのは事実で、それについて考えてみたくなりました。

ただ、変化はネガティブなものだけではないようにも感じます。計算やプログラミングなどに関しては20代のときのほうが冴えていたと思う一方で、ぼんやり世界を眺めながらインスピレーションを得るといった営みは、30代になってからのほうがうまくいきやすくなった感覚もあります。だからこそ、この不思議な「老い」という現象について、興味をそそられているのです。

何より大きかった出来事は、父になったことです。僕にはいま、幼い3人の子どもがいます。僕の血を受け継いだ新たな生命を授かり、彼らが日々成長していく姿を目の当たりにするにつれ、人間が生まれ、老い、そして死んでいくという自然について、より実感を持って考えさせられるようになりました。

テクノロジーの専門家として「老い」に向き合う

断っておきたいのですが、僕は情報テクノロジーの専門家であり、「老い」については専門外です。しかし、ここ数年は門外漢ながら、仕事でも「老い」にかかわる取り組みに従事することが増えました。情報テクノロジーの専門家の立場から、高齢者や障がいのある方々の介護にまつわる現状を、変革する取り組みにかかわるようになったのです。

たとえば、僕が筑波大学で主宰しているデジタルネイチャー研究室では、「Telewheelchair《テレウィールチェア》」という、ＡＩ技術を用いた自動運転の車いすの開発も手がけていました。目的は、介護現場における省力化と、自然なコミュニケーションによる介護の実現です。

そうした取り組みの一環で、コロナ禍以前はひんぱんに高齢者や障がい者にかかわる施設を訪問したり、当事者と対話を重ねたりするようになりました。

また、近年は、人や環境の「ちがい」をＡＩとクロスさせ、多くの人々に寄り添った問題解決の仕組みづくりを目指すプロジェクト「ｘＤｉｖｅｒｓｉｔｙ《クロスダイバーシティ》」を主導しています。ロボット義足技術を活用した義足プロジェクト、ろう・難聴者とのコミュニケーションのためのリアルタイム字幕を表示する透明ディスプレイ、触覚によって音を伝えるデバイス……。産学連携をベースに、専門分野に秀でた若手メンバーからなる共同研究チームを組織し、身体を支えるテクノロジーをアップデートしようとしているのです。

さらに、「耳で聴かない音楽会」をはじめとしたイベントを開催したり、作家の乙武《おとたけ》洋匡《ひろただ》さんに協力いただいて歩行プロジェクトを実施したりと、「障がい」の概念を超え、テクノロジーで人々が共生できる世界の一端を示すチャレンジにも取り組んでいます。

初めて老人ホームを訪ねた際の違和感

こうして介護現場に足を運び、実際にテクノロジーの開発を進める中で、一度「老い」について徹底的に考えたいという思いが強まりました。そして、本書の執筆を決めたのです。

僕が初めて介護の現場を訪れたのは、高校生の頃。アルツハイマー型認知症を患っていた祖母の様子をうかがいに、老人ホームを訪れました。初めて見た介護の現場は、とても新鮮な雰囲気があった反面、どこか違和感を覚えたのも記憶しています。

思えば、僕はあの頃から、将来的に「老い」にかかわりたいという想いを醸成させてきた気がします。テクノロジーによる改良の余地が大きいことや、少子高齢化という社会の「波」を感じていたこと、現場で働く介護職の方々の表情……。さまざまな要素が頭に浮かび、感覚的に、「僕が介護業界に貢献できることはなんだろう」と考えるようになったのです。

この本は、僕にとって新たな挑戦となる1冊です。人間が生まれ、老いて、死んでいくとは、一体どういうことなのか。医学者でも生物学者でも哲学者でもない、テクノロジーの専門家ならではの視座を示せたら、と考えています。

ちなみに、本書はコロナ禍以前の２０１８年7月から２０１９年8月まで、介護専門職の総合情報誌『おはよう21』(中央法規出版)で全14回にわたって連載していた「落合陽一が描く介護の未来」に、大幅な加筆・修正を加えたものです。門外漢ながらに「老い」に向き合っている僕が、手を動かしながら考え続けている思考プロセスの共有だと思って読んでいただけると嬉しいです。

人工物と自然物の区別がつかない「デジタルネイチャー」の世界

「老い」についての本格的な論考に入る前に、僕が研究やアート活動を行っているうえでのキーコンセプト、「デジタルネイチャー（計算機自然）」について、簡単に説明します。少し抽象的な話になりますが、本書の議論は基本的にこの世界認識をもとに展開されていくので、議論の前提として、あらかじめ頭に入れておいていただきたいです。ほかの著作などでご理解されている方は読み飛ばしていただいてけっこうです。

「老い」に限らず、僕は世界のものごとについて考えるとき、常に「現代はデジタルネイチャーに近づきつつある」という前提に立って思考しています。

「デジタルネイチャー」とは、僕がデビュー作の本『魔法の世紀』で提唱し、その内容をさらに発展させて書いた主著『デジタルネイチャー　生態系を為す汎神化した計算機による侘と寂』で深く掘り下げた考え方です。詳しく知りたい方は、ぜひこの2冊を読んでいただきたいのですが、ここでは必要最低限の内容をかいつまんで説明します。

デジタルネイチャー、すなわち計算機自然とは、コンピューターとそうでないものが親和することで再構築される、新たな「自然環境」のことです。人工物と自然物の境界を持たない新しい自然、ともいえるでしょう。テクノロジーが発展し、質量ある元来の自然と質量なきデジタルの自然が親和する、サイバー空間と現実空間の区別をつける意味がなくなった世界をデジタルネイチャーと呼んでいます。人と機械、物質と仮想物体の区別が曖昧になり、人々にとっての新しい自然が世界を覆い尽くすようになると見ているのです。

デジタルネイチャーが自明となった世界では、ロボットは限りなく人に近づき、人もロボットに近づくでしょう。企業などの電話対応はＡＩコンピューターがまるで人のように行うようになり、機械にいわれた通りに音声を発する人間も生まれるかもしれません。いま人が行っていることや仕事の大半は、人、ＡＩ、ロボットで折半するでしょう。接客、自動運転などをはじめ、自動化やシステムがもっともっと、僕たちの暮らしに溶け込んでいくのです。

世界は段階的にデジタルネイチャーへ移行している

デジタルネイチャーの到来は、決して遠い未来のＳＦ物語ではありません。コンピューターの所在を意識することなく、いつでもどこでも誰でもコンピューターを使える情報環境「ユビキタスコンピューティング」の世界の到来は、20世紀から予言されていました。[※1] そして２０２０年代に差し掛かったいま、パソコンやスマートフォンをはじめ、遠隔操作可能な冷蔵庫や電子レンジなどの家電、自動車のカーナビゲーション、ウェアラブルデバイスなど、あらゆるモノがインターネットにつながっている「ＩｏＴ（モノのインターネット）」の時代といわれるようになりました。

また、２０２０年に世界を襲った、新型コロナウイルス感染症のパンデミックによっても、デジタルネイチャーの世界に一歩近づいたように感じています。たとえば、以前は「飲み会」といえば、実際に会って、現実空間で行うことが当たり前でした。しかし、２０２０年は、ビデオ会話サービスを活用した「オンライン飲み」が出現しました。これはまさに、現実空間とバーチャル空間の区別が曖昧な、新たな「自然環境」が生まれつつある事例の一つだといえるでしょう。

こうした見解にもとづいて、僕は筑波大学で２０１５年からデジタルネイチャ

※１　パロアルト研究所の技術主任だったマーク・ワイザーは、１９８８年に「パソコンに代わる、日常のあらゆるモノに埋め込まれた見えないコンピュータ」を提唱し、のちにユビキタスコンピューティングの創始者といわれるようになった。

ー研究室を主宰しています。その後２０１７年から、大学としてデジタルネイチャー推進戦略研究基盤が発足し、２０２０年にはデジタルネイチャー開発研究センターが設立されました。

また、日本科学未来館の常設展示として２０１９年から「計算機と自然、計算機の自然」を公開しています。ここでは、現実世界と計算機上で再現された世界の間でフィードバックループが構成されるとき、我々の自然観そのものが更新されるのではないかということを、人々に問いかける取り組みを行っています。

本書では、現代は至るところに情報技術があふれ、自然と人工物の区別がつかないデジタルネイチャー世界に突入しつつあることを前提に、議論を進めていきたいと思います。デジタルネイチャーの環境下において、「老い」はどう変わるのか。それが、本書全体を通じて考えていきたいテーマです。

「老い」のあり方について考えることは、「成長」を定義し直すことにもつながると思っています。僕の見方では、半世紀に一度くらいのスパンで、「成長」のあり方に疑問を投げかける議論が起こっています。そして昨今はその周期が回ってきていて、「脱成長」「脱資本主義」という形になって、これまでの資本主義のあり方に疑問を投げかける議論が各所で起こっています。僕がいま必要だと考えているのは、これまでの資本主義システムでは解決しきれない課題にもアプローチできる、新しい「成長」のかたち。「老い」といかに向き合っていくか、どうすればポジティブに「老い」と付き合っていけるかを考えることは、この「新しい成長」のあり方を考えるうえで大きな示唆を与えてくれるはずです。

本書の構成

本書の構成を紹介します。

まず序章として、解剖学者の養老孟司《ようろうたけし》さんとの対談を収録しています。あらゆるものがデジタルにつながれていく時代に、「老い」はどのように変わっていくのか、2時間たっぷり議論。デジタルと自然、「二人称」でしかありえない死、「触れること」が遠ざけられる現代社会……。「老い」について考えていく本書の出発点として、重要な論点がたくさん出てきます。

第1章では、「老い」とともに生きていくために必須である「介護」の現状と、起こりつつある地殻変動の全体像を概観していきます。介護領域におけるテクノロジー活用が進むにつれて、「老い」という概念がいかにして変化の兆しを見せているのか、感じとっていただけると嬉しいです。

第2章では、身体機能を補完するテクノロジー、情緒的ケアを支えるテクノロジー、そして介護者を支えるテクノロジーについて、一人の実践者としての立場から、最新事例を紹介します。第1章で概観した変化が実際にどのように生じているのか、具体的な研究やプロダクトを例に説明していきます。

第3章では、ビジネスの観点から介護がいままさに「成長産業」になろうとしている現状について述べていきます。テクノロジーの側面だけでなく、日本の衰退が取り上げられる際に語られがちな少子高齢化は、介護産業の成長を後押ししてくれるのです。

第4章では、実際に身体機能や情緒的ケアを補完するテクノロジーを開発していくうえで、踏まえるべきポイントを解説します。僕が一人の開発者として、日々現場で試行錯誤を繰り返す中で見えてきたポイントを、シェアしたいと思っています。こと介護においては、エンジニアや介護従事者のみならず、個々のユーザーも「開発者」になることが必要だと僕は考えています。現場で使えるテクノロジーの条件や開発におけるポイントが、一人でも多くの人に伝わると嬉しいです。

第5章では、第4章までの「現在」の話をもとに、「未来」の話をメインで書いていきます。「老い」がコントロール可能なものとなっていった未来に、「介護（をはじめとしたケアサービス）」はいかなる役割を果たすことになるのか。身体的機能の補完や情緒的ケアがテクノロジーによって支援できるようになった未来、介護（ケアサービス）に求められるのは「トータルコーディネート」だと考えています。ケアインフラ整備が進んだ社会で、介護職は、そして各人それぞれは、どのように変わっていくべきなのか。デジタルネイチャー時代に求められる「テクノ民藝」というキーワードにも触れながら、僕が考える「介護（ケアサービス）の未来」を語ります。

なお、本文に注釈が必要だと思う箇所は記載していますが、出典・参考文献があるものについては、注釈文の先頭に★をつけ、それらは本書巻末の「注釈の出典・参考文献一覧」に収録しています。

誰もが不可避に向き合わなければいけない「老い」。老いることに対してネガティブなイメージを抱いている読者の方もいらっしゃるかもしれませんが、本書を読むことで、少しでも「老い」にまつわる印象が変わってくれたら嬉しいです。それでは、技術的価値や情緒的価値から未来への道筋を俯瞰《ふかん》しながら、老いをめぐる思索の旅に出かけましょう。

【目次】

第1章

発展するテクノロジーと変わる「老い」

第2章 ここまで進展した「介護テクノロジー」のいま …… 115

第3章 少子高齢化社会の日本が起こす「第4次産業革命」……161

第4章　人にとって優しいテクノロジーとは？
——求められる「ハッカブル」……181

第5章　誰もがクリエイションできる未来へ
――勃興する「テクノ民藝」……207

序章

【特別対談：養老孟司×落合陽一】

デジタル化する自然の中で「生」と「死」はどう変わるか？

養老 孟司
1937年、鎌倉生まれ。解剖学者。東京大学医学部卒。東京大学名誉教授。心の問題や社会現象を、脳科学や解剖学などの知識を交えながら解説し、多くの読者を得た。2003年に出版した『バカの壁』が大ヒット、毎日出版文化賞特別賞を受賞。大の虫好きとしても知られ、昆虫採集・標本作成を続けている。『唯脳論』『身体の文学史』『手入れという思想』『遺言。』『半分生きて、半分死んでいる』など著書多数。

「老い」について考えるヒントをもらうために、どうしても話をうかがってみたい方がいました。解剖学者の養老《ようろう》孟司《たけし》さんです。

僕が養老さんのことを知ったのは、高校生のとき。大ベストセラー『バカの壁』を読み、人と人がいかに対話するか、人と身体がいかに向き合うのかといった議論に、目から鱗が落ちたことをよく覚えています。

そして何より、養老さんは以前、僕の著書『デジタルネイチャー　生態系を為す汎神化した計算機による侘と寂』の書評を書いてくださいました。※2

僕がいうのもおこがましいかもしれませんが、その書評を読んだとき、「議論の核を深くご理解いただけている！」と感銘を受けたのです。僕があの本で最も考えたかった問題が「自然言語という枠を外して世界を見たら、どう見えるか」である点、デジタルネイチャーが「自然というべきか、人工というべきか」わか

※2 ★「『デジタルネイチャー　生態系を為す汎神化した計算機による侘と寂』（PLANETS／第二次惑星開発委員会）著者：落合陽一　養老 孟司による書評」『ALL REVIEWS』2018年9月10日配信記事。

らないものをとらえる「新しい自然」そして「概念の枠」である点……。僕の考えていることを、深いレベルで、的確に汲んでいただけていました。

それ以降、「養老さんとは深く感じ合えそうだ、いつかゆっくりお会いしてみたい」と常々考えていました。そんな折、「老い」について徹底的に考える本を書くことになりました。養老さんといえば、脳科学や解剖学の知識を背景に、心や身体の問題を幅広く論じ、最近は死や老いについても書かれています。「これは養老さんに話をうかがうしかない！」と思い、対談を申し込みました。

結果、ありがたいことに快諾いただけました。コロナ禍の真っ最中ということもあり、対談はオンラインにて実施しました。あらゆるものがデジタルにつながれていく時代に、「老い」はどのように変わっていくのか。デジタルと自然、「二人称」でしかありえない死、「触れること」が遠ざけられる現代社会……。「老い」について考えていく本書の出発点として、重要な論点がたくさん出てくる、たいへん充実した時間となりました。

デジタル技術によって「ディテール」が見えるように

落合　養老先生、はじめまして。落合陽一と申します。対談をお受けいただき、誠にありがとうございます。養老先生に書いていただいた『デジタルネイチャー生態系を為す汎神化した計算機による侘と寂』の書評、僕があの本で言いたかったことを的確に汲んでくださっていて、大変嬉しかったです。

高校生のときに著書『バカの壁』を読んだとき以来、ずっと敬愛してきた養老先生とお話しする機会をいただけて、とても光栄に思います。脳科学や解剖学の知見をバックグラウンドに、心と身体、生と死といった問題について幅広く論じられてきた養老先生に、これからの社会で「老い」がどう変わっていくのか、話をうかがいたいです。

まずは、「老い」について考えていくための前提として、「デジタル技術によって自然はどう変わるか?」という議論から始めたいです。人が生まれ、老い、死んでいくプロセスについて考えるうえで、人間を包摂する「自然」についての議論は避けて通れないからです。僕は研究者/アーティストとして、デジタルと自然について考え続けてきました。至るところにコンピューターが接続され、「デジタル」が「自然」になり、「自然」も「デジタル」化されつつあり、双方が親和したデジタルネイチャー時代の状況を、養老先生はどのようにとらえていますか?

養老　いままでと大きく変わったのは、ディテール(詳細)が見えるようになった点ですよね。医学におけるCTスキャンはその典型例です。デジタル技術の発達によって、初めて身体の細部を見ることが可能になりました。

落合　たしかに、フィルム時代と違って現象をフォーカスして見る解像度が、すごく上がりましたよね。

養老　先ほど話題に挙げてくださった『デジタルネイチャー　生態系を為す汎神化した計算機による侘と寂』の書評にも書きましたが、僕の趣味である昆虫の分野においても、「焦点合成[※3]」と呼ばれる技術が普及しました。これは、ディテールがよく見えるようになった好例です。

マクロレンズを使って虫の写真を撮ると、焦点深度が浅くなるので、全体としてピントが合うことはない。ですから、ピントをずらした写真を何枚も撮り、合成画像を作るんです。この画像は実に精細で、こんなに見事な昆虫の姿は、合成画像以外で見ることはできません。どこを見てもきちんとピントの合った高解像度の像になっているなんて、普通に一枚撮った写真ではありえない。

いままではありえなかった状態が、簡単に作れるようになったわけです。焦点

※3　異なる焦点で撮影した複数の画像を組み合わせて、それらをソフトウェア上で合成する手法。

合成が行われた写真を初めて見たとき、「これはなんだろう？」と驚きましたね。

落合　たしかに、一般的なカメラの写真一枚のみだと、一点にしかピントを合わせられませんからね。焦点合成を使えば、実際には個々で撮ったものを足し合わせているだけにもかかわらず、コンピューターグラフィックス（ＣＧ）かと錯覚するほど解像度が高くなる。

養老　小さなゴミですら、ちゃんと写っていますからね。

落合　部分的に欠けている箇所もそのまま写っていて、一般的なＣＧよりも解像感が高いですよね。ＣＧは描かなければ生まれないから。

コンピューターの登場で新たなレイヤーが加わった?

落合　デジタル技術がとらえる解像度の話でいえば、僕は最近、「人間が観察している世界よりも、コンピューターが観察している世界のほうが、〝外側のデータが大きい〟といえるのではないか?」ということを考えているんです。

僕たちの目に見える世界の外側にも、データは広がっているはずですよね。たとえば、ネズミのような小さい生き物が見ている世界は、僕らが見ている世界とは全然違う。

また、機械が見ている世界も異なるはずです。僕も昆虫が大好きなのですが、1億~4億画素の高解像度の中判カメラでガシャッと撮った昆虫の写真を見ると、僕らが目で見ているものとはまったく違うものだなと感じます。

人間はそうした膨大なデータの世界から、特定の部分にフォーカスを絞り、部分的につまみ出したものを見ているに過ぎないのだと思うんです。他方、コンピューターはまず全体を撮ってしまったうえで、欲しい情報を再合成して観察することもできる。人間とは、世界を観察する方法が違うわけです。

これらを踏まえると、コンピューターの登場により、「自然」に新たなレイヤーが一つ挟まるようになったといえるのではないでしょうか。コンピューターを使うことで、いったん高解像度で量子化したものを、人間が自由に取り出せるようになった。これは現象論的に、かなり面白いことだと思っています。

医師が患者を「データの集積」ととらえたがる理由

落合　こうしてデータの見方や受け取り方が変わってくる中で、養老先生のご専門である医療の世界では、デジタルと自然の関係はどのように変化していると感じますか？

養老　猛烈にデータ寄りになってきているといいますか、基本的には患者さんではなくデータを扱うようになっていますよね。僕が現役で医学部で働いていた25年前から、その傾向は非常にはっきりしていました。患者さんの顔を見ずに、検査の結果だけを見る。患者さんはデータの集積としてとらえられているんです。

落合　よくわかります。養老先生はご著書でも、「診断」と「人を診る」がずれてきた、といった話をされていますよね。

養老　その典型例が、今日のテーマにも大きくかかわってくる「死」の話なんです。僕はよく「死」を三種類に分けて論じています。自分自身の死のことを指す「一人称の死」、自分と親しい人の死のことを表す「二人称の死」、そして赤の他人の死を意味する「三人称の死」の三つです。

この区分に従えば、人が生きていくうえで向き合う「死」というものは「二人称の死」しかありえない。まず、死んだら意識がなくなるんですから、「一人称の死」は認識できない。

落合　僕も自分の死を自分で認識することは不可能だと思っています。最期は低酸素状態になって思考能力がどんどん失われていき、自分を認識することもできなくなる。そして、どこまでが自分かもよくわからないまま、心身の機能が止まっていくはずですよね。

養老　僕もそう思います。そして、「三人称の死」は知ったこっちゃない。いまこの瞬間も、世界中で何人かが臨終を迎えているわけですよね。それにもかかわらず、僕たちは普通に日常を送っている。そうした「三人称の死」を「1秒間の死者1・7名[※4]と表現するのが、データの世界です。

臨床を通じて医者が患者さんと親しい関係になると、患者さんが亡くなったときに「二人称の死」となってしまう。すると、自分の中で大きな問題になり、トラウマが生まれてしまうわけです。でも、そうそうトラウマを抱えているわけにもいきません。ですから医者は「三人称の死」のほうにズラし、患者さんとしてではなく、データの集まりとして見たがるんです。

情報が渦になって流れる〝自然〟で子育ては可能か？

落合　新型コロナウイルス感染症についても、「誰がかかったか」よりも、感染者数や重症者数といった数字のほうが、日々たくさん報道されていますよね。他方、僕はデジタル化によって、人間がより「二人称」的な関係づくりに注力できるようになる面もあるのではないかと思っていまして。

※4　★WHO「The top 10 causes of death」（2020年12月9日）から算出。

データが示すエビデンスや傾向の読み解きが計算機の役割になっていって、人間がそうしたことを考える必要がなくなっていくからです。数値的な直線をプロットしたり、電子カルテの情報を補完したりといったことは、コンピューターに任せられるようになる。すると、人間がデータの収集や記述に没頭する〝データの奴隷〟にならなくてもよくなる、という見方もできるのではないでしょうか。

養老　「人」をどうとらえるか、という問題にもかかわってきますね。たとえば子どもは母親とほとんど密着状態で育ちますが、それをデータ化して切り離すことが可能なのか。

落合　僕はいま（2020年8月現在）3歳、1歳と2人の子どもがいるのですが、彼らはスマートフォンでYouTubeを見て世の中の情報を勝手に集め、僕や妻が知らないことを結構たくさん知っているんです。まったく知らないおもちゃをほしいと言い出したり、東アジア圏やイスラム圏の不思議な単語を、突然教えてくれたり（笑）。

これまで子どもは、買い与えた図鑑や絵本、教科書、もしくはテレビなど、ある程度は親が指定した情報環境の中で育ってきたと思います。ただ、いまの子どもは親が観測不可能な、もう少し広い世界から情報を拾い集めて育っている。YouTube上に転がっている情報はまだまだ人為的なものですが、もう数十年経つと、情報が渦になって流れている〝自然〟のようなものに晒《さら》されながら子どもが育つようになり、これまでの親と子の関係の中に、データというレイヤーが一枚挟まって自然のあり方が変わる気がするんです。

「人のかたち」は変わっていくのか？

落合　そうしてデジタル化によって情報環境が変わりつつある中で、人間のかたちはどうなっていくかを考えています。

たとえば僕の研究分野に関連する話だと、体内に埋め込むマイクロチップや、外の音をノイズキャンセリングしてくれる無線イヤホンなど、人の身体やかたち、ものの見方をサポートする機械がたくさん登場しています。そうした中で、「人はいまの姿かたちを保つべきなのか?」という議論も出てきているんです。

人間は元来、ある程度は身体や能力を拡張しながら生きてきました。視力を拡張するためにメガネをかけるようになったり、産業革命によって時計なしでは共同作業がしづらくなって、腕時計をつけるようになったり。はたまた、遠くまで移動する必要が生じて、誰もが自家用車を持つようにもなりました。そうした中で我々は今後人間のかたちをどう保っていくのか、もしくは保たなくていいのかという点に関して、養老先生はどのようにお考えですか?

養老　それは切実な問題ですね。この「人を変える」という問題が非常に厄介なのは、それについて考えているその人自体が変わってしまうわけなので、立っている地面が危なくなってしまうこと。いわば、トランポリンの上で相撲をやっているような感覚です。

落合　たしかにそうですね。最初に道具を使い始めたときの感覚と、道具を使っているうちに慣れた人間の感覚の間にはズレが生じていますからね。

養老　何事もそう。経験とは元来そういうものです。

落合　コロナ禍に際して、大学のゼミや授業の多くがフィジカルからオンラインに移行したのですが、オンラインであっても、空気感や肌感、相手の身振り素振りが意外とビビッドに見えるようになってきた感覚があります。脳や見方がオンラインに最適化されていくと、「対面の価値が高い」と思っていた頃には戻れなくなる気もするんです。

そうすると、人間の自然観そのものが変わってくるのではないかと思っています。「自然」の生み出した「生物」とはそもそも、遺伝子や神経信号といったデジタル情報によって構成される、離散的な情報の集合体でした。それに、人間が電子的に外在化させた情報が組み合わさって、新しい自然を見るようになるのではないかと思っています。これは、僕の研究コンセプトである「デジタルネイチャー」とも大きくかかわってくる話ですね。

「自然」像が揺らいでいる

落合　昨今は、2030年までに持続可能でよりよい世界を目指すための国際目標「SDGs[※5]（Sustainable Development Goals：持続可能な開発目標）」や、2050年までに日本全体の温室効果ガスの排出をゼロ

※5　★2001年に策定されたミレニアム開発目標（MDGs）

にする「2050年カーボンニュートラル」[※6]など、自然との新しい関係性の切り口が、いくつも出てきています。さらにコロナ禍によっても、これまでの自然との関係性の問い直しを迫られていますよね。いってしまえば、デジタルも含めて自然との関係性を再構築しなければいけない時期に差し掛かっているのだと思うんです。今後の人間と自然の関係性について、養老先生はどのようにお考えですか？

養老　かなり足元が揺らいでいますよね。従来、「自然」は説明せずとも、大体は了解できるものだったのですが、いまはその定義自体が変化しています。コロナ禍はもちろん、2020年の梅雨は、観測史上最大レベルの長さとなりました[※7]。こうして自然が激しく変化していく中で、一体どこに定点を置いたらいいのか。

落合　たしかに、平均気温も上がっていますしね。また、フィジカルな自然だけでなく、人間の自然に対するイメージも変わってきていると思っています。

の後継として、2015年9月の国連サミットで加盟国の全会一致で採択された「持続可能な開発のための2030アジェンダ」に記載された、2030年までに持続可能でよりよい世界を目指す国際目標のこと。

※6　★地球上の炭素（C）の総量に変動をきたさない、CO_2の排出と吸収がプラスマイナスゼロになるようなエネルギー利用のあり方やシステムの社会実装を指す概念。

※7　★気象庁は2020年8月1日に、関東甲信地方と東海地方が梅雨明けしたとみられると発表したが、平年より11日遅かった。1951年の統計開始以来、異例の長梅雨で、

元京都大学総長の類人猿研究者・山《やま》極《ぎわ》壽《じゅ》一《いち》さんとご一緒したとき、人類は元来、自然に対する畏怖や恐怖を感じ、自然から身を守る方法を考えながら対話してきたのに、いまは「暮らしや仕事のインフラが整ったから、自然が豊かな地方へ移住しよう」と、コンビニエンスな「自然」をイメージするようになっている、という話になりました。密集しているとウイルスに感染しやすいので、都市からの離脱を促す圧力がかかっているのに加え、リモートワークの普及も後押しし、自然が豊かな地域で暮らそうとする動きが出てきています[※8]。川のせせらぎの近くで、Ｗｉ－Ｆｉにつないでオンライン会議に参加するのは、元来の自然なのかそうでないのか、よくわからない。結局、新しい自然の一部ととらえるでしょう。

養老　自然像が根本的にゆらいでいるから、困っているんですよね。

明けの時期が不明な93年を除くと、関東甲信は4位タイの遅さとなる。

※8　★「コロナ禍で加速する地方移住　東京が最大の人口流出地域に」『ニューズウィーク日本版 オフィシャルサイト』2020年12月2日16時00分配信記事参考。

生活から切り離される「死」

落合　そうして自然とデジタルの関係性が揺らいでいく中で、人にとっての「老い」はどのように変わっていくのでしょうか？　養老先生にお話しするのも釈迦に説法だと思うのですが、人はどんどん「死」を遠ざけ、病院や介護施設の中に追いやってきました。[※9]さらに平均寿命も江戸時代の1・5倍になり、[※10]随分と人生が長くなりました。片や「アンチエイジング」という言葉に象徴されるように、老いにマイナスイメージが伴っているのも不思議ですよね。これから人類は、どのように「老い」と向き合っていくようになるのでしょうか？

養老　そういった話が正面に出てくるようになりましたよね。なぜ生きているのか、どう死ぬのか……。昔はそうしたことはあんまり考えなくていいというか、まともに働く人が考えることではなかった。働いて生きているのが忙しかったか

※9　★1951年の死者のうち、82・5%が自宅で亡くなっていた。これが2009年には、12・4%まで減少し、病院で亡くなる人が78・4%、介護施設で亡くなる人が3・2%と、自宅以外で亡くなる人が大きく増えている。さらに、近年では、看取り加算が設けられるなど、さらに自宅以外での死が

らです。最近はよっぽど暇になったというか、余裕ができたのでしょう。

落合　たしかに、人類が食料調達の意味ではある程度暇になったのは大きいかもしれないですね。それに伴って、死生観はどのように変化していったのでしょうか？

養老　僕が小学生のときは戦時中でしたが、戦後10年経った頃まで、「死」はわりあいに普通の出来事でしたね。近所へ虫捕りに出かけたときに、亡くなっている人を見かけることも珍しくありませんでした。

落合　生活の中に死があったと。極端に死を遠ざけているいまは、そうした人を見つけたら、事件かと思い、きっとすぐにブルーシートがかぶせられますよね。

養老　大騒動になりますね。病院もまったく違う状況で、当時は医療事故も珍し

当たり前の世の中になっている。

※10 ★たとえば江戸時代に乳児死亡率が改善されていた信州横内村の平均余命（1675年〜1740年）をあげると、5歳児の平均余命が男46歳、女42・8歳。令和2年の5歳児の日本の平均余命は、男76・83歳、女82・93歳。男は1・67倍、女は1・94倍に増えている。

くありませんでした。要するに、「人っていうのは死ぬもんだ」という常識がありました。

落合　なるほど。以前、沖縄の研究をしている方や東南アジアの研究をしている方と対談したときにも、似たようなことを考えたのを思い出しました。鳥葬や風葬によって、死体を風化させてから洗骨し、棺に納めることが一般的な世界においては、死は社会に存在しうる連続された出来事なはず。一方で、我々の社会は死と生活を極端に切り分けてしまったがゆえに、死が特別な出来事になりすぎてしまっているのではないかと。

そうして死を切り離していったからこそ、老いにマイナスイメージがついているのでしょうか？

養老　年をとったらわかりますけど、一つはやっぱり、老いると動けなくなったり、働けなくなったりするからではないでしょうか。身体だけでなく、考える力も含めて能力が落ちていきますから。「麒麟《きりん》も老いては駑馬《だば》に劣る※11」という古い格言もあります。

※11 ★すぐれた人も年をとると凡人に劣るというたとえ。

空洞化する「成熟」という言葉

落合 僕も最近ずっと、20代のときと30代のときで、頭の使い方が随分変わってきたなということを考えています。計算やプログラミングなどに関しては20代のときのほうが冴えていたと思う一方で、ぼんやり世界を眺めながらインスピレーションを得るのは、30代になってからのほうがやりやすくなった感覚もあります。

年齢によって得意な頭の使い方が変わっていって、なおかつデジタル化によって身体を使って何かをする機会が減っていくことで、ライフステージごとに異なる味が出てくるようになるのではないでしょうか。

養老　「成熟」という言葉が意味を持たなくなってきていますよね。成人式が荒れるのは、偶然ではないと思います。成人式を運営している大人も、参加させられている若者も、「成人ってなんだ？」と意味がわからなくなっている。

落合　たしかに。成人の日は20歳、選挙権は18歳から、結婚可能年齢も変わっていく可能性がある中で、成熟にまつわる儀礼は、実質的な意味を持たない〝数字〟でしかなくなってしまいました。

養老　還暦や厄年など、年寄りの節目は昔からいろいろとあったんですけどね。

落合　厄年くらいの年齢に差し掛かると病気の罹患率や死亡率が上がりやすかったり、還暦前後になると体力や身体能力が衰えやすくなったりしますものね。

でも、いまはそうした限界がけっこう引き伸ばされているじゃないですか。たとえば、体調が悪くなったらすぐ病院に行ける。そうしたコンビニエントなサービスを享受できるようになったのは、いつ頃からなのでしょうか？

養老　ここ30年くらいではないでしょうか。やっぱり、余裕が生まれたからですよね。

落合　なるほど。生活に余裕が出てきて、皆保険制度のもとで、まるでコンビニに行くように病院に行って良質なサービスを受けられるようになっていますものね。そうした中で、年をとってから、個人が抱く夢や願望がどのように変わっていくのかにも興味があります。

養老　論理的には終わりが見えてきますから、やはり随分違いますよね。若いときは「どこまでも」という勢いで頑張りますが、いい意味でも悪い意味でも、適当なところでやめるようになる。

落合　自然に、無理しすぎないようになるということですね。ただ、平均寿命が伸びてあちこちよそ見できる時間ができて、またコロナ禍に際して家で過ごす余暇時間も増えつつある中で、社会がどんどん多様性を帯びていく可能性もあると思うんです。ぼんやりと考える時間が増えるから、働き方や生き方、死生観についてあれこれ思いをめぐらせ、好きな死生観の中で生きるようになるのではないかなと。

養老　老いも死も、結局はそれまでの人生の続きですからね。死に方は人生の終点ですから、それ自体を考えても意味がない。結局、老いを考えると「人生とは？」という話になっちゃうんです。

「対人」と「対物」を分けて考える

落合　「人生とは?」という問いについて考えるうえで、友人である、柔道で銅メダリストになった羽賀龍之介《はがりゅうのすけ》さんの発言が思い起こされます。彼がいっていたのは、練習にはいろいろなタイプがあり、量だけでは弱いし、質だけではもろいということ。じゃあ何が重要なのかと聞くと、「やっぱり豊かさだ」といっていたんです。「ああ、『豊か』ってすごい深い言葉だね」という話になりました。以前、僕は子どもが生まれたとき、母子手帳に「豊かな人生を」とメッセージを書いたのですが、「豊かさ」はキーワードでしょう。

「豊かさ」にはいろいろあって、物質的な豊かさだけでなく、教養や学問、文化や芸術といった観点もある。友に恵まれるのも大切なことです。多様性を社会のバックグラウンドにするには、おそらく「豊かさ」が必要だと考えたときに、豊かな「老い」とは何なのでしょうか？　養老先生の本を読むと、ご専門の医療から昆虫、エネルギーまで、いろいろなトピックについて書かれているのですが、そうした豊かさを生み出すためには、どうすればいいのでしょう？

養老　やっていることや周囲に対して切実な関心がないと、時間が無駄に過ぎていってしまいますよね。

落合　なるほど、切実な関心。よくわかります。「人生100年時代」といわれている中で、暇な時間が増えていくにもかかわらず、その時間を潰せなくなる人も多いと思うんですよ。そうした人に対して、何かアドバイスはありますか？

養老　僕は「対人」と「対物」を分けて考えているのですが、若いうちになにか「対物」で好きなことを見つけておくといいと思います。僕にとって、昆虫は対物です。人はいろいろと反応があって面倒くさいでしょ？　でも、物はそれがありません。具合が悪いときは、物ではなく自分が悪いんですよ。

落合　たしかに、自分の眼の解像度が低かったり、思考の調子が悪かったりすると、対象の見え方が変わってしまいます。

養老　絵描きさんには長生きな人が多い、という説があります。やっぱり対物で、手の作業をするのはよいことなのではないでしょうか。

落合　楽器もそうですし、ちゃんと身体を使う作業の機会を持っているのは、大切なことかもしれないですね。

僕は写真を撮るのですが、(2020年8月現在)あまり人を撮らないんですよ。[※12]「なぜだろう?」と考えると、やっぱり対物でいたいからなのかもしれません。社会と接する中では人と対話することが多いけれど、物と接するときまで人のこ

※12　「コロナ禍になり、人と会わなくなったからか、最近では人

とを考えていたくないなと。対人と対物を分ける、というのはすごい金言ですね。

求められる多様な「介護」のかたち

落合　「老い」の話に関連して、介護の話もうかがいたいです。僕の中で、介護は「自然」なのだろうか？　という点が気になっていまして。そもそも「介護」という考え方は、どのように変わっていったのでしょうか？

養老　昔は「介護」なんて考え方はなかったですね。

落合　なるほど、それは人がすぐ死んでしまっていたからでしょうか？

養老　それもありますね。

のヌードを多く撮るようになった」（落合）。

落合　これだけ「介護」という言葉が口にされるようになったのは、比較的最近のことなのでしょうね。いま介護がクローズアップされている中で、多様な介護のあり方を考えなければいけない段階に差し掛かっていると思うんです。

たとえば、よく議論になるのは、延命治療の問題。本人の同意がなく、また家族や親族も会いに来ないにもかかわらず、社会保険費によって胃ろうなどが続けられ、いわばシステムによって生かされ続ける人が増えているという説もあります。そうした状況に置かれたときですら、自己決定や意志判断ができないくらい、我々の社会は人に手厚いといえるかもしれない。

養老　そうです。最近話題になった、筋萎縮性側索硬化症（ＡＬＳ）患者に対する「嘱託殺人」の問題[※13]は、そうした議論の典型例ですね。

落合　患者さん本人の意思決定によって、法の外に出てしまうという問題は常に

※13 ★2019年11月、京都市で難病の筋萎縮性側索硬化症（ＡＬＳ）の女性患者が死亡し、女性に頼まれて

ある。一人の個人として、システムに生かされ続けたくないと思っている人がいたとして、そうした人々に対してどのようにアプローチすればいいのか。この問題は社会全体で議論しなければいけません。とはいえゆっくり議論しているようでは、時間的には間に合わないケースも多数あるのが、難しいところです。

薬物を投与したとする嘱託殺人容疑で医師2人が逮捕された。2020年8月、容疑者2名が起訴され議論を呼んだ。

介護はきわめて「二人称」的

落合　自然の中での新陳代謝は、あらゆる生物種の中で行われていることです。でも、人と死を遠ざけて、極力人が死なないようにしてきた中で、人間は新陳代謝がとても遅くなるように、社会全体の構造が向かっていると思っているんです。その中で「介護」をどうとらえたらいいのか。

そうして考えていく中で、「機械による介護」と「人の手による介護」という問題も浮上してきます。介護はそもそも、きわめて「二人称」的じゃないですか。

でも、機械に介護されることは、「二人称」的でも、「三人称」的でもあると思うんですよ。たとえていうなら、温水洗浄便座にお尻を洗ってもらうことは、自分で自分のお尻を拭いている側面も、自分でも知人でもない第三者である機械にケアしてもらっている側面もあります。

ただ、食事から排泄までロボットに手伝ってもらえるようになっても、「二人称」的なケアは必要だと思うんですよね。

養老　必要になるでしょう。いわば、スキマ産業ですね。

落合　スキマ産業。先ほど医療の話をしていたときに、「二人称の死」にいかにして向き合うのか、という議論になりました。介護職は、まさしく「二人称の死」に向き合い続けている職業じゃないですか。僕が中学生くらいのとき、祖母が認知症を患ったのちに他界したのですが、お葬式に介護施設のスタッフの方も来てくださって、すごく当事者的な職業だなと思いました。そうした職業に従事しなければいけない人の数が、人口ピラミッド的に増えていく中で、介護職の方々の人手不足をどのように解消してゆけばいいと思いますか？

養老　こうした問題すべてにいえますが、喋ることではなく、まずはやってみることじゃないですかね。二人称的な問題は、まず自分で体験することが大事です。

落合　なるほど、たしかにそうですね。自ら手を動かすことを始めないと何も変わらない。

養老　そのうえで、きわめて社会的なアプローチが必要だと思います。変な話、褒めてあげるということです。大学の先生が偉いとしたら、介護職も偉い。そんな社会的な価値観を作り上げる。

落合　コロナ禍に際しても、「医療従事者に対して感謝を述べましょう」といったメッセージがよく見られましたが、社会の中でエッセンシャルワーカーに敬意を払う習慣をつけていくのは、必要なことなのかもしれません。社会的なメッセージを発信し続けることは、当事者にとって救いとなる、大きな意味のあることなのでしょう。

認知症といかにして向き合うか

落合　あともう一つうかがいたいのは、認知症の問題です。まず「一人称」的に、認知症はどのようにとらえるべきなのでしょうか？　うまく頭が働かなかったり、忘れっぽくなってしまったりすることについて、どのように向き合えばいいのでしょう。

養老　僕は古い人間ですから「しょうがないな」と思います。為すがままだなと。

落合　なるほど。「二人称」的にはどうでしょう？　周囲の人々は、認知症を患った方を、どのようにとらえたらいいのでしょうか。

養老　ある程度、別人として見ないといけないですよね。

落合　自分の記憶の中にいるその人を、徐々に緩和させていかなければならないと。

養老　精神科で取り組むような病気、すべてにいえることです。これが一番難しい。

落合　その切り替えを促すには、どうすればいいのでしょうか？

養老　親離れ子離れの問題と同じで、客観視するしかありません。記憶があればあるほど、むしろ邪魔になりますから。

落合　「三人称」に移行しながら、「二人称」的な関係性を見直すということですね。人は懐かしさに勝てないからつらくなってしまうんですよね。

人は早産で生まれてくる

落合　ここまでデジタルと自然、老いと介護についてお話をうかがってきましたが、最後はストレートに「生と死」について議論したいです。「生まれてきて、死ぬ」ことについて、「三人称」的な数字でとらえることが支配的になりつつある世界で、生と死の境目はどこに見出されるようになるのでしょうか。

まずは「生」について。中絶の問題をはじめ、どの時点を「生まれる」ととらえるのかは、常に倫理問題を含んだ議論があるわけですが、養老先生はどのようにお考えですか？

養老　これは有名な話ですが、動物によって違うんですね。犬や猫は人間でいえば妊娠3ヵ月くらいに相当する、目をつぶっている状態で生まれてくる。それに対して、牛や鹿はすぐに立って活動できる状態、人間でいえば5歳くらいの段階で生まれてきます。

胎児の側に一定の条件があって、ある発育段階になったら生まれる、と決まっているわけではないんです。猿の仲間は元来、生まれてすぐに活動できなければいけないので、子どもでも親の毛皮に手で捕まって移動できる。でも、人はそれができない。いわば早産になっており、生まれたときにはまったく活動能力がないんです。

その理由の一つは、頭が大きくなってしまったからです。お母さんのお腹の中に10ヵ月以上いると、骨盤の構造上、生まれ出ることが難しくなってしまう。また、脳が非常に大きくなるので、早くから外の刺激を入れると成長しやすい、という要因もあります。

落合　なるほど、二足歩行になったことで、骨盤の構造も変わったことが影響していたのですね。その生物が置かれる発育と環境のマッチングによって、どういったかたちで生まれてくるのかが決まってくると。

この社会において、生と死はきわめて社会的なものになってしまっており、赤ちゃんの機能のようなものを考えない世の中になっていると感じます。子どもの発育について親がじっくり考えたり、本能的に何かアプローチしたりする前に、何らかの情報がやってきて、それに従って動かされてしまっている。

それゆえに、もともとはっきりしていなかった〝境目〟が生まれてしまっている気がします。1歳になったら保育園に行くとか、3歳になったら幼稚園に入るとか、儀礼的価値や社会的慣習に依存するようになってきた。

「触ること」を拒否する現代文明

落合　「死」についてもお話ししたいです。冒頭でお話ししたように、自分で自分の死を認識するのは、きわめて難しいと思うんですよ。そう考えると、死ぬ直前までは死の恐怖を感じるかもしれないけれど、死ぬ瞬間は恐怖を感じる機能自体が失われているから、たぶんそんなに怖くないのだろうなと。

養老　そうですね、死の恐怖ってよく聞きますが、だいたい子どものときに怖かったといいますよね。

落合　はい。僕は子どものとき、とても死が怖かったですよ。

養老　僕はそういうの、全然ありませんでした。４歳のとき父親が死んでいるので、死への怖さを感じたことがないんです。むしろ、人がなぜ死ぬのかを理解できない、受け入れられないという感覚のほうが強かったですね。

落合　なるほど。それと死に関して思うのは、嗅覚的・触覚的な死が遠ざけられているということ。ゲームや映画、またニュースの中で、視覚的・聴覚的で「三人称」的な死はあふれているけれど、匂いがして、触り心地のある死はほとんどないじゃないですか。

養老　現代文明は、「触ること」を拒否していますよね。僕が子どもの頃は、よくお寺の欄干《らんかん》で遊んでいました。木ですから、子どもでも触れるわけです。ところがいまはコンクリートでしょ。ザラザラしている感じで、触るのを拒否しているような印象を受けます。

落合　たしかに、多くの近代建築は「触るな」と主張している気もします。僕は触覚ユーザーインターフェースや触覚を伝えるためのデバイスを研究することも多いのですが、現代文明はきわめて視覚や聴覚に寄っていて、触るものがすごく少ないと感じます。

養老　触覚の問題は、僕もずっと気にしていて。視覚と聴覚はごく普通に言語に使うのですが、触覚言語は麻雀の盲牌《もうぱい》くらいにしか使わない。これをもっと使えるようにしたら、面白いと思います。

落合　服屋で服を選ぶときは、「これはギャバジン」「これはサテン」と触覚言語を使っている感覚がありますね。あと食べ物に関しても、「プルプル」「ザラザラ」「ヌルヌル」など、オノマトペを中心としてよく触覚言語を使っている。でも、全体として見ると、触覚のボキャブラリーはたしかに少ないなと感じます。電子書籍が普及してから、本についての触覚言語も衰えつつあると思いますし。

養老　結局、触覚を育てる状況をつくっていないんですよね。

落合　デジタル化が進む中で、豊かに五感が刺激されることが減っていると。

養老　手すりが金属になったのも大きいですね。昔は木が普通だったのですが、安くするために金属になった。でも、金属の手すりは冬に触ると手がくっついてしまいますし、夏は触ると火傷しそうになる。社会がシステム的に触覚を拒否し、脳の中心溝より後ろの頭頂葉あたりの、感覚を統御する部分を使わないよう仕向けているんですよ。よく「クオリア」といわれますが、感覚から直接入る実在感が、欠けつつあると思いますね。

落合　たしかに。触覚や嗅覚といった、五感の中でより物質的なところは、生と死がデータ化する中でどんどん切り離されていっています。

「具体的に生きる」ことの難しさ

落合　そして、「生と死」の問題で避けて通れないテーマが、先ほど介護の話をしたときにも少し触れた、終末期医療のあり方です。いまの社会を見ていると、病院にいたい人は入院、家にいたい人は在宅医療と、終末期医療のかたちを自分で選択しやすくはなっていると思います。

ただ、本人が望んでいることを周囲の人が理解して動いているかどうかは、また別の話。周囲が本人の望まぬことをしてしまうと、多様ではなく、一様なシステムに乗ることになってしまう。人がどこで終わりを迎えるべきかという点について、養老先生はどのようにお考えですか？

養老　僕はそういうものに一般論はないという意見ですね。常にその人が置かれた具体的な状況を見て考えなければいけない。

以前、僕と同い年で終末期医療にずっと携わってきた小堀《こぼり》鷗一郎《おういちろう》さんと『死を受け入れること―生と死をめぐる対話―』という対談本を出しました。そこでも話したのですが、在宅での看取りは、だんだん増えてはいるんですね。

でも、その対談のすぐ後に、僕は心筋梗塞を引き起こして東大病院に入院したんですよ。ＩＣＵに入ったとき、「病院で死ぬのも悪くないかもしれない」と思ったんです。なぜかといえば、外部のいろいろなものから切り離されているから。家だと本棚や昆虫などにつながっているのですが、病院ではそういうものが一切なく、すでに死んでいるような感じがする。最初から周りと切られてしまい、ＩＣＵに入った時点で死に近づいているから、病院での死が増えたのではないかと思いました。

落合　アートギャラリーのようなもの、いわゆるホワイトキューブに近いかもしれません。周囲の空間から切り離された、真っ白な特別展示室。コンテクストが分断されるんですよ。生活の中に死が内包されることを望まない人たちにとっては、あらかじめ死につながっているところに入るほうが、グラデーションとして死を理解しやすいのかもしれません。

けれども僕は、日常の中に死があったほうが、気持ちいいなとも感じます。

養老　本来そうあるべきなのでしょうね。

落合　死が遠くなったほうが、社会としてはコンビニエントなのでしょう。しかし、人間の脳の構成からすれば、匂いや手触りを感じたほうが、より豊かな主観世界を維持できるのではないでしょうか。

僕はジムでトレーニングしてダイエットするのが好きじゃないんです。ハムスターが回し車を回しているような感じがしてしまうんですよね。身体運動は、自分のなすべき行為の中で行われるべきだと思っていまして。たとえば、日常の中でものを探し回ったり、電車ではなく自転車で移動したりすれば、それが運動になる。こうした手触り感を日常のコンビニエントな中でも探していくことで、世界から切り離されずにいられるのではないでしょうか。

養老　具体的に生きる、ということですね。

落合　いまの世の中で具体的に生きるのは、大変なことですよね。だから具体的に生きる豊かさを探求したくなる。近頃は、研究でもライフスタイルを考えて対象を作ることが必要とよくいっています。

生と死の問題に一般論はない

落合　そろそろまとめに入っていきたいと思います。新型コロナウイルス感染症の影響で社会構造や経済構造が変容し、医療や介護のあり方も変わりつつある中で、家族が家族のケアをすることについてはどう思いますか？　どの程度家族が介護に関与し、どの程度ヘルパーさんに入ってもらえばいいのか。

養老　常に程度問題ですね。生死の問題、人生の問題には一般論がないことを、みんなが理解すべきです。具体的なその人、その都度、その場所の問題です。

落合　死は「三人称」ではとらえられず、また「一人称」で認識する方法もないとなると、究極的には「二人称」しか残らないと。人間の生物学的な特徴よりもシステムを重要視してしまっていることで不協和が起こっている中で、五感や身体性、世界に対する解像度や環世界、クオリアといったものがどのようにとらえられるべきか、今日はすごく深い洞察をいただきました。とくに最初、焦点合成の話から始まったのが面白くて。たしかにピントが完全に合っている絵は、コンピューターの中でつくったみたいだけれど、きわめて物質的だし、人間やほかの生物も眼の構造的に見ることはできない、一歩引いた目線から見た、データによる自然をどのように切り出してくるか。その中で、人間が生物として生まれてきてしまったがゆえの構造といかにして親和させていくかという点に、大切なメッセージがあるのだろうなと感じさせられ、非常に面白かったです。今日はありがとうございました。

養老　僕も大変面白かったです。もう少しＡＩに寄るかと思ったら、むしろその入り口みたいな話でしたね。こちらこそ、ありがとうございました。

（本対談は２０２０年８月９日Ｚｏｏｍにて行われた）

第1章

発展するテクノロジーと変わる「老い」

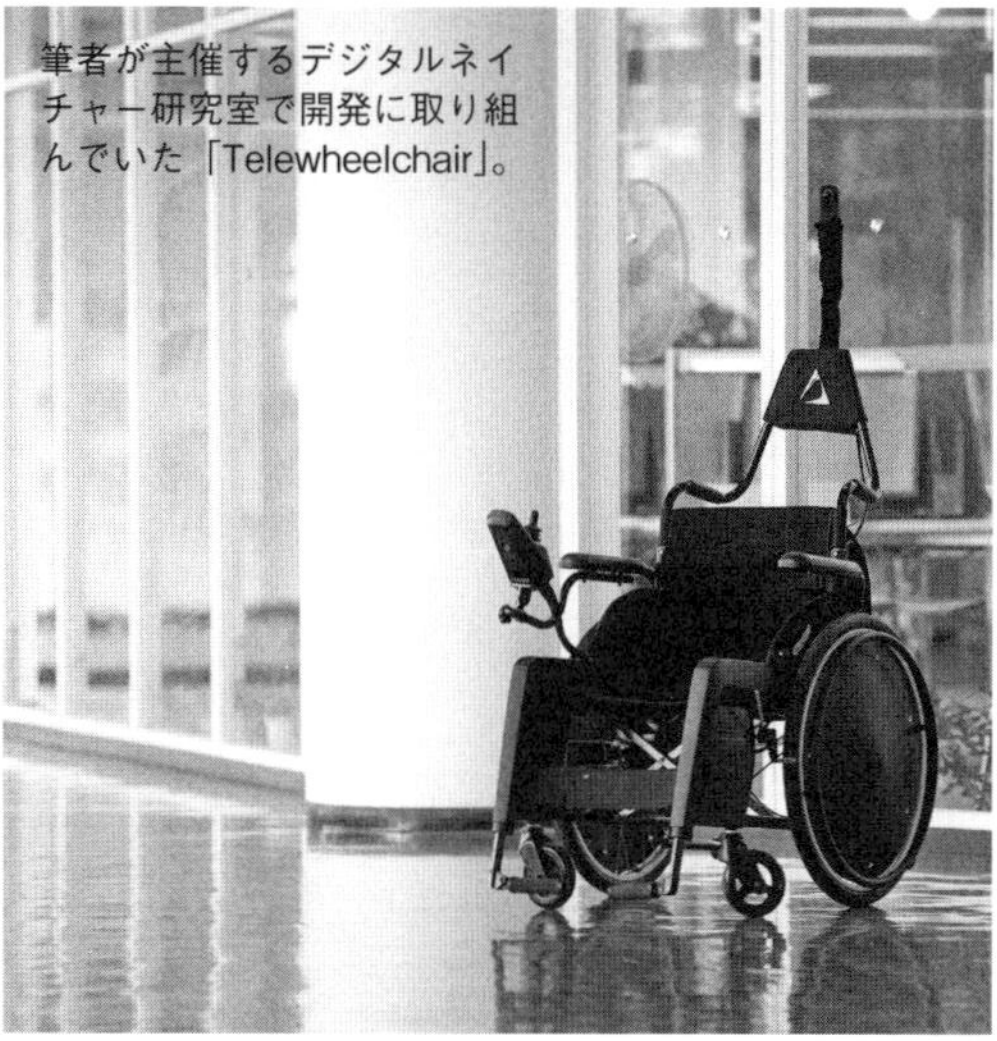

筆者が主催するデジタルネイチャー研究室で開発に取り組んでいた「Telewheelchair」。

第1章のポイント

介護というと、どのようなイメージを抱かれるでしょうか。介護職の人が高齢者が乗った車いすを後ろから押している。少なくない方が、こういった姿を頭の中に描くのではないでしょうか。

しかし、僕は、介護が、この「人の手による介助」というイメージに固執してしまうことに疑問を投げかけることをずっと行ってきました。というのも、テクノロジーが浸透すれば、よりよい介護を実現できると、信じているからです。

テクノロジーによる介護と聞くと、人によってはなんだか突拍子もないことだと思うかもしれません。しかし、それぞれの人に、多様性のある身体に、オーダーメイドな介護をするには、テクノロジーはいまや不可欠です。読者の多くの方

介護業務（人の手からテクノロジーへ）

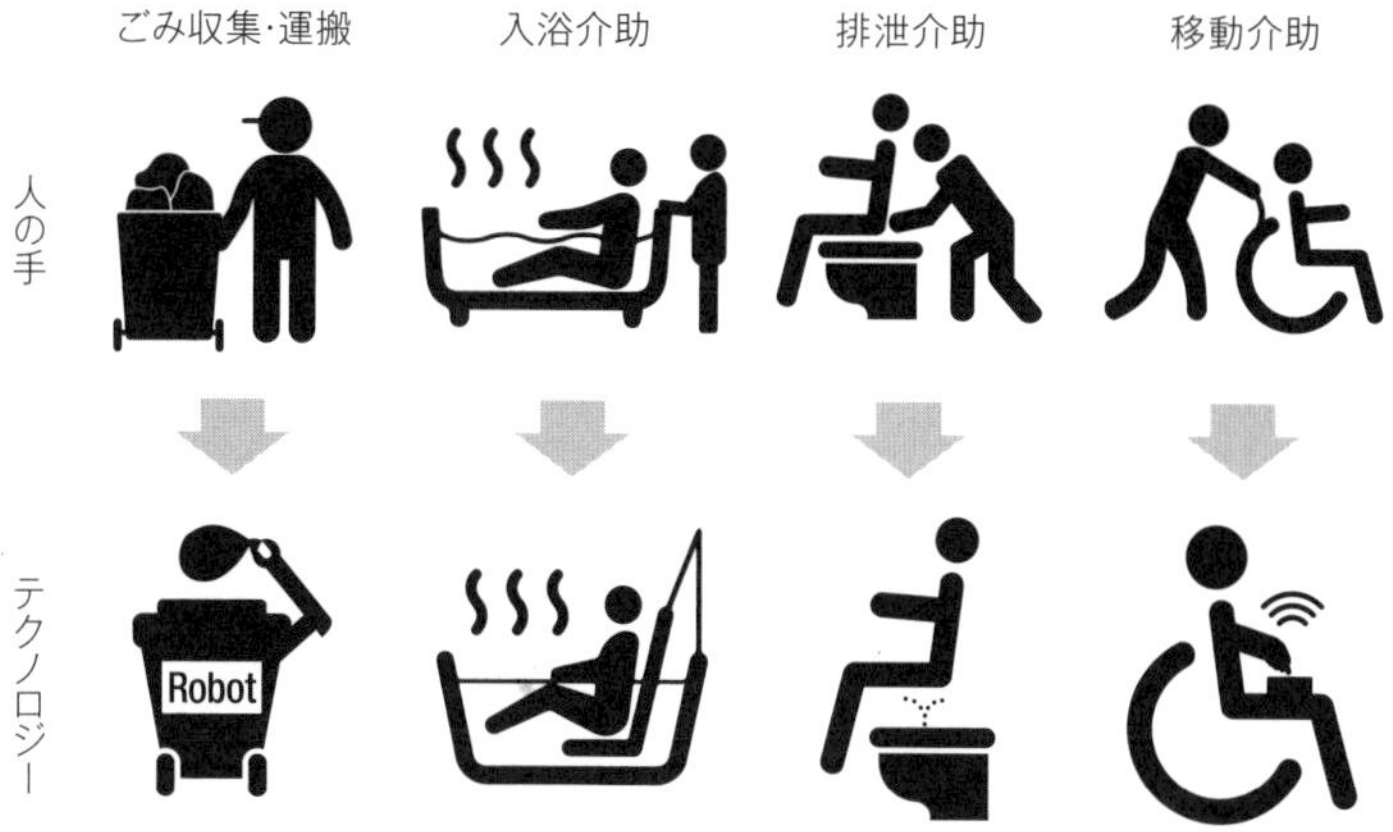

が実感しておられるように、テクノロジーによる身体への補助・補完は、マイナスをゼロに戻すだけでなく、プラスにする世界すら見せてくれるまでになっています。歩くのに人の手による介護が必要だった人が、一人で歩けるようになるだけでなく、スポーツやビジネスができるようになる。事故のため手を失った人が、義手技術で日常生活が送れるだけでなく、眼球の動きで絵が描けるようになる。

大きく変わろうとしている身体拡張の時代に、介護のいまを見ていきましょう。

序章の養老さんとの対談を経て、「老い」について理解を深めるために考えるべき論点が、少しずつクリアになってきました。第1章では、「老い」をめぐる現状について、僕がいま考えていることの大枠を綴《つづ》っていきます。

まず大前提として、「老い」は人が生きていくうえで、不可避に受け入れなければいけないものだと考えています。近年では「不老不死」を目指すテクノロジーの研究開発も進んでいますが、まだ実現の見込みは立っていません。この世に生を受けた人間は、すべからく老いて、死んでいく。その事実は、現状では動かしようがないと思います。

でも、だからといって「老い」が固定化した概念だとは思いません。テクノロジーの発展により、かつてと比べて、人類が「老い」による身体機能の低下を克服しつつあることもまた事実でしょう。断っておきますが、僕はテクノロジーの発展と、それに伴う「老い」の変化を礼賛したいわけではありません。しかし、変化が起こっていることは事実ですし、テクノロジーによるポジティブな影響があることも確かです。であれば、テクノロジーにより変わりゆく前提で、これからの「老い」のあり方を考えていくべきだと思うのです。

「老い」を克服する、すなわち身体的な機能が衰えても健康で文化的な生活を営んでいけるようにするための支えとなる、最も代表的な手法が「介護」です。いま、最新テクノロジーの力に後押しされ、この「介護」が大きく変わろうとしています。

この章では、「老い」とともに生きていくために必須である「介護」の現状と、起こりつつある地殻変動の全体像を概観していきます。介護領域におけるテクノロジー活用が進むにつれて、「老い」という概念がいかにして変化の兆しを見せているのか、感じとっていただけると嬉しいです。

そもそも人類にとって「死」は怖いものです。太古の昔より、人類の欲望の向かう先は「不死」になることが多かったように思います。古代中国の始皇帝の時代から、「永遠の命」を最終目標とする為政者はたくさんいました。死が人類にとってポジティブだったことは、多くなかったのだと思います。これは、死に向かっていくことを予感させる「老い」についても同様でしょう。

しかし、それは個々人の問題であり、社会システム全体として見ると、また話が変わってきます。老いや死がきちんと機能しないと、次の世代にバトンが渡されず、社会が硬直化しやすくなるとも思うのです。そうした観点からも、「老い」について考えることが、きわめて重要だと考えています。

介護とは「身体の補完」である

みなさんは「介護」について、どのようなイメージを持っているでしょうか。

「まだ触れたことのない未知の世界だ」という方、現在ご家族やご自身が介護を受けている「当事者」の方もいらっしゃるでしょう。また、仕事として介護に取り組まれている、介護職の方も読んでくださっているかもしれません。

「はじめに」でも触れましたが、僕にとっての初めての介護体験は、10代の頃にさかのぼります。認知症を患っていた祖母が入居していた老人ホームに足を運んだとき、介護の現場を初めて目の当たりにしました。

小学校を改装して作った施設だったからか、廊下の狭さや天井の低さが目に留まり、「思ったより窮屈そうだな」と感じたのと同時に、介護職の方々が働いている様子を見るにつれ、「テクノロジーによって自動化できる余地がたくさんある」と直感したことを、いまでもよく覚えています。

そもそも、多くの人が何気なく使っているであろう「介護」という言葉は、どんな意味を持っているのでしょうか？　実は明確な定義はなく、辞書や法律によってさまざまです。ただ、僕にとっては、介護保険法第一条[※14]にあるように、「これらの者（要介護者）が尊厳を保持し、その有する能力に応じ自立した日常生活を営むことができるよう」にサポートするという定義がしっくりきます。

この定義をよく読むと、「人の手による介助」という内容が含まれているわけではないことがわかります。高齢化問題がますます深刻化しつつある日本では、メディアの報道によって、老人ホームの介護に代表される「人の手で行われる温もりのある補助」こそが介護だと感じている人が多いかもしれません。僕自身も、介護の重要な一側面として、「情緒的ケア」があると思っています。しかし、それだけではなく、介護には、介護職やテクノロジーが老人や障がい者の補助となり、不十分な「身体の機能を補完」するという面が多分にあるとも考えています。

※14　★条文は以下の通り。
この法律は、加齢に伴って生ずる心身の変化に起因する疾病等により要介護状態となり、入浴、排せつ、食事等の介護、機能訓練並びに看護及び療養上の管理その他の医療を要する者等について、これらの者が尊厳を保持し、その有する能力に応じ自立した日常生活を営むことができるよう、必要な保健医療サービス及び福祉サービスに係る給付を行うため、国民の共同連帯の理念に基づき介護保険制度を設け、その行う保険給付等に関して必要な

唐突に「身体の機能を補完」といわれて、違和感を覚える方がいらっしゃるかもしれません。

ただ、よく考えると僕たち人類は、これまでの歴史のなかで、テクノロジーによって多くの身体機能を補完してきました。代表的なものが「メガネ」です。メガネが発明されたことで、視力の悪い人々でも、生活に支障がほぼなくなり、それまで従事することが難しかった仕事にも就けるようになりました。さらに、補聴器も同様でしょう。補聴器を使うことで、耳が悪くなった人でも、ある程度はいままで通りの日常生活を送ることができます。

「身体の補完」は、何もサイボーグを目指すということではなく、これまでごく普通に行われてきたことなのです。

事項を定め、もって国民の保健医療の向上及び福祉の増進を図ることを目的とする。

身体拡張は「五体不満足」をなくす

「身体の補完」は、「身体の拡張」とも言い換えることができます。

たとえば、第2章でも取り上げますが、歩行障害のある患者が重いものを持ち上げる際の補助として、活用が期待されている「パワードスーツ」というものがあります。日本におけるパワードスーツの先駆といえば、ロボットスーツ「HAL」でしょう。下半身不随となってしまった人をターゲットとしており、装着した人の「歩きたい」や「持ち上げたい」と感じる意思を「生体電位信号」として感知。金属製のフレームに搭載したモーターが動き、装着者の動作を補助します。これによって、車いす生活を余儀なくされていた患者さんのリハビリを支援し、歩行を可能にするまでになりました。

ほかにも本書ではのちほどさまざまな身体拡張テクノロジーを紹介します。

いま、世の中には「障がい」と呼ばれる病気や身体的困難が多く存在していま す。しかし、その多くは、介護・介助を必要とする人々を分類するための便宜上の呼称に過ぎないと、僕は考えています。ですから、僕はこの「障がい」という言葉をできるだけ使わないようにしています。

後述しますが、僕がxDiversityのプロジェクトで取り組んでいる、『五体不満足』の著者である乙武洋匡《おとたけひろただ》さんの義手・義足活用による歩行の可能性を模索するものもあります。[※15] テクノロジーを駆使することで、身体性を自由に切り替えられる可能性もあるのです。

※15 ★乙武洋匡さんは「OTOTAKE PROJECT」で義足による二足歩行にチャレンジしている。このプロジェクトは2018年にスタートした。

障がいは「身体の多様性」ととらえる

僕は必ずしも障がい者が身体補完をする必要はないと考えていますし、いわゆる「健常者」に身体拡張が必要ないとも思っていません。

視度調整のための医療器具だったメガネは、サングラスとして紫外線カットという便利な機能を持ったり、伊達メガネとしておしゃれアイテムの機能を果たしたりするようになりました。同じように「便利だから」という理由で車いすに乗ったり、「おしゃれだから」という理由で義手や義足をつけたりする世界がやってくると考えているのです。

数年前、Ｍｉｃｒｏｓｏｆｔが販売するコンピューターゲーム機であるＸｂｏｘのアバター作成において、その架空キャラクターの腕を義手にしたり、脚を車輪にすることが可能になりました。極論かもしれませんが、このアバターのように、「この義手格好いいからつけよう」、あるいは「坂道って足より車輪のほうが便利じゃない」といったモチベーションから、「補完」という目的を超えて能動的に身体拡張を選択する未来が、次に来たる世界なのではないかと思っています。

そのため、僕は「障がい」という言葉は使用せず「身体の多様性（ダイバーシティ）」と呼ぶようにしています。テクノロジーの発達によって、前述の歩行プロジェクトで乙武さんが実践するような身体の多様性との向き合い方が当たり前となっていくようになる。障がいと呼ばれている特徴が、個人を表現するパラメータの一種になっていくのではないでしょうか。

身体の多様性を許容する社会を実現するためには、「包摂《ほうせつ》（インクルーシブ）」が必要だと思っています。この言葉については後ほど詳しく解説しますが、簡単にいうと、「一人ひとりの違った身体的・精神的特徴を認める社会のこと」を指しています。

「多様性がある」で立ち止まってしまうダイバーシティから一歩進んだ、「多様性を受け入れる」というインクルーシブ社会となることで、身体の多様性を個々人が望んだかたちで乗り越えられるようになるのだと思っています。

画一的な介護プロダクトの限界

では、「身体の多様性」が受け入れられるインクルーシブな社会の実現に向け、現状どのような課題があるのでしょうか。まずは介護分野が現在抱えている課題について書いていきます。

僕は高齢者や障がい者にかかわる施設訪問や当事者との対話、後述する「耳で聴かない音楽会」をはじめとしたイベントや「xDiversity」での当事者支援やワークショップを用いた研究などを行っています。

そんな活動を通じて、一つ気づいたことがあります。それは、「身体の補完」として画一的なプロダクト（商品・サービス）を提供しても、補助具などがなければ使えず、当事者の役に立たないことも少なくないということです。

たとえば、足腰が弱いといっても、階段を上り下りすることが困難な人と、歩くこと自体が困難な人では、それぞれが必要とするサポートは異なってきます。つまり、身体そのものは、我々が使っているパソコンやスマートフォンといったデバイス以上に、非常に多様性（ダイバーシティ）があるものなのです。

さらに、聴覚が弱い人でも、歩行中に後ろから迫ってくる車の音を察知したいときと、純粋にコンサートを楽しみたいときでは、製品に求める性能は違ってきます。ケースバイケースで、求めるものは異なるのです。

プログラミング環境やカスタム可能なＡＩが出現するまでは、そういった多様な身体に対して、杖や補聴器といった一様なデバイスしか提供してきませんでした。しかし、ＶＲやＡＩといったテクノロジーが発達することで、大量生産品はプラットフォームに近くなり、その上で一人ひとりに合った、またそれぞれのケースに合った機能を、安価に提供できるようになります。これによって、ケアの質や被介助者の満足度は上昇していくと考えているのです。

コンピューター畑の人間である僕が介護に注目する理由の一つは、この多様性のある身体に対して（そしてさまざまなケースにおいても）、コンピューター技術でできることが非常に豊かだと思っているからです。詳しくは第2章で事例をご紹介しますが、身体の多様性を補完するテクノロジーが、すでにたくさん登場しています。

テクノロジーで「3K」を克服する

テクノロジーを活用することで、介護を受ける人のみならず、介護従事者が抱えている問題も解決できると思っています。

いまの日本の介護現場が抱える大きな問題の一つが、人材不足です。人類未曽有ともいえる超高齢社会を前に、すべての業種で労働力が不足している現状があります。

とくに、介護の業界は「3K（きつい、汚い、危険）」というネガティブなイメージが先行していることもあり、高齢者の数に対して介護職の供給がまったく追いついていません。

前提として、２０２１年の「高齢社会白書」によると、日本人の全人口に占める高齢者（65歳以上）の割合は28・８％。[※16] 世界保健機関（ＷＨＯ）の定義では、高齢者の割合が21％を超えると「超高齢社会」と区分されますが、日本はこの基準を大きく上回っています。２０２５年には団塊世代が後期高齢者に加わることもあり、２０６０年の高齢化率は38・１％と４割に迫る見込みなので、高齢者の増加は加速度的に進行しているのです。[※17]

それにもかかわらず、介護従事者は不足傾向にあります。２０２１年８月に発表された介護労働安定センターによる介護労働実態調査の結果では、66・２％もの事業者が介護職員の不足感があると回答しています。[※18] 厚生労働省の統計によれば、団塊の世代すべてが75歳以上になる２０２５年には、約２４４・７万人の介護人材が必要とされています。現状の推移のままでは約33・７万人が不足する計算です。[※19] また、２０１８年５月に経済産業省は、介護関連の人材不足が、16年後の２０３５年には79万人にのぼると発表しました。[※20] ２０１５年時点での人材不足

※**16** ★２０２０年10月１日現在、65歳以上の人口は３６１９万人。

※**17** ★国立社会保障・人口問題研究所「日本の将来推計人口」（平成29年推計）の２０６０年の予測の数字。

※**18** ★介護サービスに従事する従業員の不足感（「大いに不足」＋「不足」＋「やや不足」）は66・２％（前年度69・７％）であり、「適当」は32・４％（同28・９％）だった。

※**19** ★２０２５年の需要見込みは２４４万６５６２人、供給見込

の20倍に近い数字です。

介護人材の不足の理由の一つに、介護職の賃金の低さが挙げられます。厚生労働省のデータによれば、介護職員の平均給与は月額25万2300円。全産業では月額33万6000円で、周辺職種の看護師（同33万8400円）、准看護師（同28万8000円）、ケアマネジャー（同27万6000円）などと比較しても差があります。[※21] さらに、前述のように介護職には「3K」といったネガティブイメージがあり、そのこともますます人材採用を難しくしているといえるでしょう。

こうした介護業界における人材不足は、ケアのクオリティ低下を招く可能性があります。慢性的人手不足や劣悪な労働条件によって、介護の現場はすでに悲鳴をあげている状況といえるかもしれません。

だからこそ僕は、デジタルテクノロジーの活用に関する研究開発を行っている

みは210万9956人でその差は33万6606人となる。

※20 ★「介護関連の人材不足、2035年に79万人に20倍　経産省試算」『産経新聞』ウェブ　2018年5月8日5時配信記事参考。

※21 ★厚生労働省の「令和2年賃金構造基本統計調査」参考。

のです。

たとえば、施設での食事時間に車いすで食堂に移動する場合、通常の車いすだと要介護者一人に一〜二人の介助者が必要となり、時間も労力もかかります。このような課題にテクノロジーを用いて向き合っていく方法をプロトタイピングし、多くの選択肢の中から最適解を検討していく時代だと自分は考えています。

他者の「死」といかに向き合うか

介護の仕事における心理的負担を取り除くため、向き合っていかなければいけないのが、終末期介護において避けることのできない「死」の存在かもしれません。死が訪れるのは当たり前のことだとわかってはいても、つらさを感じずにはいられないのは人間の本質に近いところでしょう。

死のつらさは介護職のみならず医師にも共通するものですが、医師は手術の成功や治療の効能によって「生」を支える成功体験があります。そのため貢献感を強く抱くことができ、ストレスを緩和できているのではないかと僕は考えています。

一方、高齢者介護の現場において、介護職は医師のようなわかりやすい成功体験が多くはないように思えます。そんな状態で、緩やかに向かう死とほぼ絶対的に向き合わなければいけないのです。もちろん、介護職の仕事にプライドを持って取り組んでいる人々が多く存在するのは知っていますが、それとは関係なく、死へのストレスが付きまとってしまう構造になっているように感じています。

ですから、死に対するストレスをマネジメントすることは、今後ますます重要になってくるのではないかと僕は考えています。日々の達成感を得られやすくする職場づくりによって、精神的な負担を減らすための仕組みを構築する必要があるでしょう。

ストレスマネジメントには「一日でも長く生きていてもらわなくてはならない」というマインドを、介護をする人が持たないようにすることも必要なのかもしれません。なぜなら、利用者の最期を看取ることが精神的なストレスになるのは、その死の責任が介護者自身にあると考えるのが一因です。「一日でも長く生きたい」と思うのはあくまで本人であり、介護職はその人に合ったケアを毎日提供できていれば、「その人の最期を自分が看取らなければならない」との考え方を過度に持つ必要はないかもしれません。

もちろん、看取りの際に感情移入してしまうことは、避けられない側面があると思います。しかし、死に対して気負いすぎてしまうと、介護職の仕事を続けることは困難になってしまうかもしれません。

このように非専門家なりにストレスのことを重要だととらえています。

序章の対談でも、養老先生は「患者さんが亡くなったときにトラウマを抱えないよう、医者は『三人称の死』のほうにズラし、患者さんとしてではなく、データの集まりとして見たがる」とおっしゃっていました。自分の役割を明確に割り切ったうえで、ストレスコントロールをすること。冷たく聞こえてしまうかもしれませんが、一人ひとりの人間に深く寄り添う介護職だからこそ、そうしたマインドセットも必要なのだと考えています。

介護に人の手の「温もり」は必要不可欠か？

このように、介護現場が抱える課題は深刻化を極めています。

それでも僕は、先述した人材不足の問題は、デジタルテクノロジーが現場に実装されればされるほど、解決に向かうと信じています。

そもそも、先ほども触れたように、僕が介護業界に興味を持ったのも、祖母のお見舞いで介護現場に訪れた際に「人材不足をデジタルテクノロジーで解決できる」と思ったのがきっかけでした。そして、ここまでもいくつか紹介したように、介護現場の人的リソースを軽減するデジタルテクノロジーは少しずつ現れてきています。

こうしたデジタルテクノロジーの社会実装が進めば、介護のイメージもいまのネガティブイメージから、もっとポジティブなイメージに変わっていくのではないでしょうか。工業的な社会の中での介護とは一線を画す豊かなコミュニティ像が生まれてくるかもしれません。

ただ、僕が介護現場でのデジタルテクノロジー実装の話をすると必ず起こることがあります。それは「人の手による『温もり』を重視すべき」という反応です。

たしかに、「人間とAIやロボット、どちらにお世話してもらいたいですか？」と聞くと、得体の知れない機械にお世話してもらうことへの恐怖心から、「人間に介護してもらいたい」と考える人はまだ多いでしょう。

しかし、少し発想を変えてみると、必ずしもそうとはいえないことがわかります。たとえば、「温水洗浄便座と、他人にお尻を拭いてもらうのは、どちらがいいですか？」と聞き方を変えると、多くの人が「温水洗浄便座」と答えます。生活に即した具体的な例を通して考えると、必ずしも「人の手」がベストとは限らないと気づくのです。

ユーザーが自分で調整できるテクノロジーを

一方、新しいテクノロジーが発明されたからといって、すんなりと現場に実装できるのかといえば、そうではありません。とくに介護の現場は高齢者が多く、往々にしてテクノロジーへの抵抗感が大きかったり、ＩＴ機器へのリテラシーが高くなかったりする場合があります。

そのため、誰もが使いやすいよう、機能面や操作性、デザインを設計することが不可欠です。介護現場は生活すべてを網羅するツールを必要とするため、操作性だけでなく、「気持ちよく使える」ユーザビリティの追求をしていかなければならないと考えています。そのためには、テクノロジーを一人ひとりに最適化されたかたちで提供しなければなりません。

僕が目指しているインクルーシブ社会は、こうした個々人に最適化されたプログラムを、当事者やその隣にいるであろう誰もが実践できる社会のことです。

息子の誕生が「身体の個別最適化」の思想を生んだ

僕が介護のアプローチに課題を感じるようになったきっかけの一つに、息子の誕生があります。僕の息子は生まれつき、「口唇口蓋裂《こうしんこうがいれつ》」と呼ばれる、唇が割れて口腔と鼻腔がつながってしまう先天性疾患を持っていました。

500人に1人が発症する先天性疾患で症例も多かったため、外科、歯科、言語療法士の先生たちはしっかりと対処法を知っており、綺麗に治すことができました。そういった対処がうまく行えたのは、発症率が500人に1人という「ニーズ」が多い症例だったため、ノウハウがすでに集まり、過程ごとの対処法が開発されていたからです。

しかし、個別性の高い症例であったなら、治療はより困難になっていたと予想されます。これからの時代、症例の少ない障がいや先天性疾患であっても、サポートを実現できるようにしたい。そのために、情報を集積し、ＡＩが身体性を補完できるスキームを作り上げたいと思ったのです。それと同じように、介護でもそれぞれの身体に個別最適化されたケアが行えるビジョンが必要だと思います。

他領域の専門家とタッグを組み、テクノロジー活用を推進

現在の介護には、テクノロジーによってアップデートできる無限のバリエーションがあります。テクノロジーの活用によって、介護を変える試みはより盛り上がっていくでしょう。

デジタルテクノロジーで障がいとの向き合い方をアップデートすべく、僕自身

も研究活動に取り組んでいます。その中心的な取り組みが、「はじめに」でも触れた、人や環境の「ちがい」をAIとクロスさせ、多くの人々に寄り添った問題解決の仕組みづくりを目指すプロジェクト「xDiversity」です。

〝できないこと〟の壁を取り払い、〝できること〟をより拡張できたら、本当に個性が活かせる社会になるのではないか——そんな想いからはじまったxDiversityで、私は研究代表者を務めています。日々研究開発と社会実装の実現のため、産学連携をベースに、専門分野に秀でた若手メンバーからなる共同研究チームを組織し、プロジェクトの産業化を目指しています。

主要メンバーには、コンピュータービジョンの専門家である菅野裕介《すがのゆうすけ》さん（東京大学准教授）、ロボティクスの専門家である遠藤謙《えんどうけん》さん（ソニーCSL／Xi《サイ》borg《ボーグ》）、UIデザインの専門家である本多達也《ほんだたつや》さん（富士通株式会社／On《オン》tenna《テナ》 project leader）など、多様なジャンルのテクノロジーの専門家が集っています。

ソニーCSLグループが中心となって開発したロボット義足技術を活用した義足プロジェクト「OTOTAKE PROJECT」、筑波大グループが中心となって開発したろう・難聴者とのコミュニケーションのためのリアルタイム字幕を表示する透明ディスプレイ「See-Through Captions」、リモートミーティングでの音声認識の活用事例「Remote Voice Recognition」、富士通グループを中心としたOntennaのワークショップなど、2017年の設立以来、さまざまなプロジェクトを進めてきました。それらを実践する中で、人に寄り添うテクノロジーとはどんなかたちをしているのかと、探求し続けています。

老いは「パラメータ」化していく

そろそろ第1章の締めに入っていきます。ここまで論じてきたような、身体の多様性が認められるインクルーシブな社会が実現したとき、「老い」はどのように変化するのでしょうか。

僕は、老いはいずれ「パラメータ」に近いものになっていくと思っています。たとえば、白髪染めや植毛、ボトックス注射、さらには遺伝子治療まで、現代社会にはさまざまな〝若返り〟テクノロジーがあふれています。一昔前では、まったく考えられなかったことです。もはや、外見上の老いは、テクノロジーによってある程度コントロールできるようになりつつあるということです。

つまり、外見上、機能上の老いは髪型や体型、服装のように、ある程度コントロール可能なパラメータのようなものとなっているんです。健康寿命も伸びているいま、「今年は信頼感を醸成するため、老いて見せよう」「フレッシュな印象を生み出すために、しばらく若く見せよう」といった選択が可能になる世界は、すぐそこに迫っています。現代においても、同じ年齢でも人によって若々しさがまったく異なりますし、そうした世界が訪れるのも自然なことだと思います。

また身体機能だけでなく、精神的な「若さ」のようなものも、維持しやすい社会になりつつあるのではないでしょうか。身体機能が衰えて外出しづらくなっても、デジタルツールを駆使すれば、人とのつながりや学びの機会、能動的に刺激を受けられる機会はある程度担保できます。たとえば、電話すらなかった時代には、歩けなくなってしまったら、家族や訪れてくれる人とのコミュニケーションしかとれませんでしたが、いまはインターネットを介していくらでも能動的かつ双方向的なコミュニケーションをとることができるようになりました。

こうして身体的・精神的な「老い」がどんどん克服されていくと、「年相応」という考え方が薄れていくかもしれません。身体機能の衰えの多くを補完できるようになると、「何歳で何してもいいでしょ」という考え方が主流になっていく可能性があると考えています。

実際いまも、「人生100年時代」と呼ばれる時代に差し掛かるにつれ、昔であれば「高齢」と見なされていた60代でも、「まだまだこれから」と思われるようになっています。介護施設にファミリーコンピューターのゲーム機を持ち込み、『ドラゴンクエスト』をプレイしている方もいらっしゃいます。往年のゲームを好きなだけやって余生を過ごされる方もいるようです。70代になってから新たにプログラミングを始める方や、楽しそうにSNSを使っている70〜80代の方も、珍しくなくなっています。

そもそも、世界全体の中央年齢が30・9歳であるのに比べて、日本の中央年齢は世界最高の48・7歳[※22]。つまり、「若者」の定義が、世界全体と20歳近くずれているのです。これは「超高齢社会」であるともとらえられますが、見方を変えれば、日本は40代前半でもまだまだ「若者」ととらえられる、珍しい国だともいえ

※22 ★総務省統計局「世界の統計2020」の2020年時の日本の中位年齢。

ます。

「老い」に対するネガティブイメージがなくなったわけではありませんが、「老い」を感じる年齢やタイミングは、すでに変わりつつあると思います。これは僕の感覚値なのですが、たとえば芸能人などで、50代から70代くらいまで、ずっと見た目の印象が変わらない人がいらっしゃいます。50代から70代まで、ずっと「おじさん」の印象を与える俳優の方が、思い浮かばないでしょうか。

今後は「老い」がパラメータ化していくと、そうした印象を与える人が、どんどん増えていくのだと思います。そもそも、平均寿命によっても、「老い」のイメージはかなり違ってきます。平均寿命が50代だった頃の日本では、50歳でも十分に「老人」と考えられていたはずです。

そして、「老い」がパラメータ化することは、思わぬ副産物を生むのではないかと考えています。それは、社会全体として、社会的弱者やマイノリティに対する寛容度が高まる、というものです。自らの身体・精神的機能が衰えていっても、テクノロジーの支えによって変わらず社会参画を続けられるようになると、「身体や精神の機能が平均とずれることはパラメータの違いにしか過ぎない」という社会通念が形成されると思うのです。

それでも避けられない「老い」とは?

ただ、もちろん人間は生物なので、老いを完全に食い止めることはできません。冒頭でお話ししたように、不老不死が現実になる可能性は、まだまだ低いでしょう。

ですから、仮に「老い」がパラメータ化した世界が訪れたとしても、どこかの段階で自分の力で生活できないタイミングが来ることには変わりありません。先ほど触れた「50代から70代まで印象が変わらない芸能人」でも、入院したり、一人で立てなくなったり、社会とのつながりが切れてしまったりすると、急激に老け込みが訪れる。

言い換えると、〝最期の老け込み〟以外は、「老い」と切り離された人生を生きるようになっているのです。生活寿命や健康寿命が伸びるにしたがって、「生きる→老いる→死ぬ」というプロセスにおいて、「老いる」の期間がどんどん短くなっているともいえます。

本書序章の養老先生との対談でも話題にのぼりましたが、生と死がどんどん社会の中から切り離されてもいます。かつては、赤ちゃんのへその緒は自宅で切るのが普通でしたが、いまは病院でするのが当たり前ですし、自宅での看取りも珍しいケースとなっています。昨今では、新型コロナウイルス感染症対策のため、「老い」はますます介護施設や病院に隔離されるようになっています。人はゆるやかに生まれ、ゆるやかに死んでいくものだったのが、そうしたグラデーション的な

「老い」が、社会の中から追い出されつつあるのです。

とはいえ、「老い」を完全になくすことはできない。だからこそ、身体の補完が進めば進むほど、老いはあるタイミングで、急に大きな問題として訪れるようになる。テクノロジーや生物工学で回避できる「老い」がどんどん増えていくからこそ、不可避に受け入れなければいけない「老い」だけが、どこかのタイミングで急に訪れるようになる。

今後はその前提で、不可避な「老い」とは何か、それといかにして向き合うべきか、周囲はいかにして支えていくのかを、考える必要があると思います。

続く第2章では、テクノロジーの発展によって、いかにして身体的・精神的な機能の「老い」が補完されるようになっているのか、「老い」を補完するテクノロジーの最新事例を紹介していきます。

第2章

ここまで進展した「介護テクノロジー」のいま

xDiversityの主要メンバー。左から、遠藤謙氏、本多達也氏、筆者、菅野祐介氏。

第2章のポイント

テクノロジーによって、「介護」だけでなく、「老い」の固定概念までも刷新されていく可能性があります。視覚障がいはレンズを通して読み取った画像に対して働きかけるさまざまなテクノロジー、聴覚障がいはマイクを通して聞き取った音声に対して働きかけるさまざまなテクノロジーで、それぞれ補助することができます。身体機能を補完するテクノロジーは、高齢者や障がい者だけを手助けするものではありません。AR技術で周りの環境を認識してくれる車いす、音声を振動と光に変換して感知できるデバイス、自分の力以上を出力できるロボットアームやパワードスーツは、皆の生活を豊かにする可能性も秘めているのです。

また、近年の技術向上によって、情緒的ケアを担えるにまでテクノロジーが浸透している現状もあります。日常会話も難しい、重い認知症を抱えた方とコミュ

身体機能を補完するテクノロジー

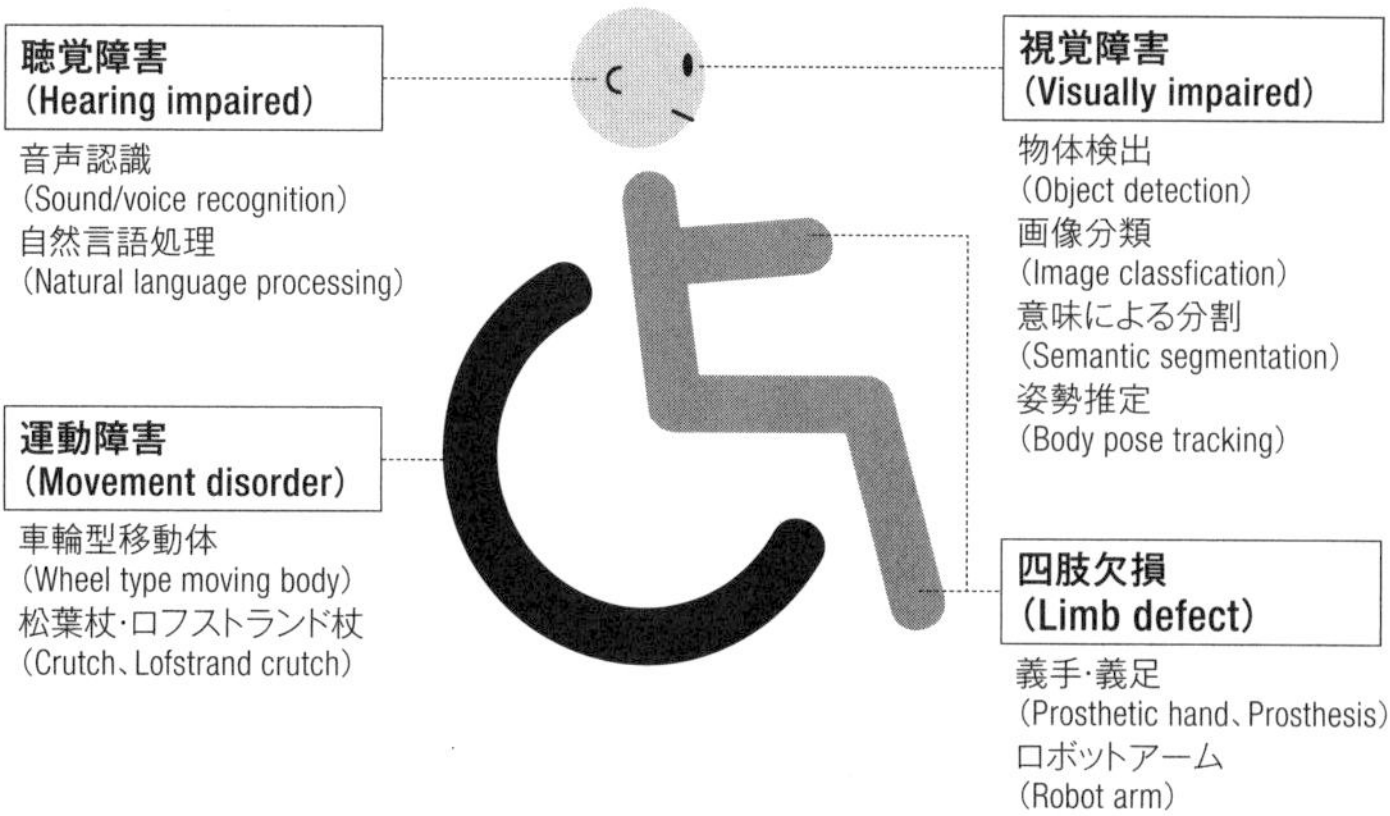

ニケーションをとれる可能性を見せるロボット、動きや声から心の中の読み解きに挑む技術といったものがその一例です。

さらに、身近なところでは、2020年代に入り、コロナ禍による外出自粛によって急速に広まったビデオ会議サービスも、介護を受けている方とその家族、さらに高齢者間の顔が見えるコミュニケーションを実現してくれる技術ともいえますし、多くの施設で見られるようになりました。

それらにかかわるテクノロジーの現在地を一緒に見ていきましょう。

第2章では、第1章で概観した「老い」をめぐる現状を踏まえ、身体機能や情緒的ケアを支え、「老い」のパラメータ化を後押しするテクノロジーの最新事例をご紹介します。

もちろん、これは執筆時点（2018〜2021年）での近年の事例であり、今後も新たなテクノロジーが次々と誕生していくはずです。5年後に読んだときには、「こんなの当たり前だよ」と思われてしまうかもしれません。

こうしたテクノロジーの開発や社会実装を推進する者の一人として、ここで紹介した事例が「古く」なってしまうことは、願ってもないことです。むしろ、そうなることを願いつつ、事例を紹介していきます。

また紹介するテクノロジーは、身体機能を補完する（＝身体拡張を可能にする）テクノロジーと、情緒的ケアを支えるテクノロジーです。身体の多様性を包摂し、

「老い」とともに生きていくためには、身体と情緒、双方のケアが不可欠です。また、これらの被介護者を支えるテクノロジーに加えて、介護者の見守りを効率化するテクノロジーも紹介します。いま、どんなかたちでテクノロジーが「老い」を変えつつあるのか、潮流を感じとってもらえると嬉しいです。

後ろから押す必要のない自動運転車いす

まずは、自分が取り組んでいた身体を補完するテクノロジーの最新事例をご紹介します。

僕が主宰している筑波大学のデジタルネイチャー研究室で開発していた「Ｔｅｌｅｗｈｅｅｌｃｈａｉｒ」は、車いすにＡＲカメラや、３６０度撮影可能な全天球カメラを組み合わせた遠隔操縦自動運転車いすです。遠隔操作以外にも、障害物を自動で検知して停止、発進したり、前方の車いすを後続の車いすが認識し、追従する「カルガモ走行」※23ができたりと、施設内の移動の省力化を目指したものでした。議論の俎上《そじょう》に乗せるためにほかにも多くのプロトタイプを試作しました。

これは、介護職の補助なしには移動が叶わなかった人々に、「足」をもたらすのではないかと考えたのです。介護現場は、リソースの多くを、この「移動」が占めていました。一般的に、老人ホームでは一人の高齢者を車いすで移動させるだけで、一～二人の介護職の人的リソースが奪われますし、ゴミ捨てなどのタスクも移動が多く、自動化の可能性は多数存在します。

一方、このような移動型のロボットがあれば、複数台が同時に移動をしてくれるため、介護職の付き添い方が変わります。たとえば、3台の移動ロボットを使用すると、従来は移動させるのに6人必要だったところ、1人分のリソースのみで済ませることができます。もちろん、介護の人的リソースとロボットのコストの問題は常に存在するので、一朝一夕には進まないのが難しいところです。

※23 前方を走る車やロボットとの車間を詰めた状態で後続が追従する走行状態のこと。

また、一般的な車いすは構造上、介助者が後ろから押されなければならず、介助者と被介助者が横に並んだ形の自然な会話をすることができませんでした。

しかし、自動運転であれば、介護職は高齢者と並走しながら会話をすることができるため、その人に寄り添った介護が実現できるのです。こういった自動化の例からも、テクノロジーが介護者の負担を軽減し、人と人とのコミュニケーションに集中させてくれる効力を持つことがわかるかと思います。

2017年から、これらのプロトタイプは千葉県柏市にある老人ホームでデモンストレーションを行い、施設職員の方々にも操作していただきました。普段こういったロボットに触れる機会が少ない人々が多かったのですが、全員が5分程度で操作を習得でき、その簡単に動かせる操作性を確認しました。現在、現場での実課題の解決に向けて、移動のみに留まらずプロジェクトを進行しています。

視力に関係なくモノが見えるようになる仕組み

デジタルネイチャー研究室でもう一つ開発しているものに、網膜投影型のディスプレイがあります。これは、網膜に直接映像を投影することで、視力に関係なく物体が見えるようになるディスプレイデバイスです。

「網膜投影」といわれてもピンと来ないかもしれないので、目の構造から、簡単に説明していきましょう。私たちは普段、物体を光として認識します。そして、瞳に入った光は水晶体によって調節され、網膜に像を映し出します。水晶体がカメラのレンズのような役割を果たし、ピントを合わせることで、ものが見えるようになるのです。遠視や近視、老眼といった症状は、ピント調整機能の衰えや障がいによって引き起こされていました。

しかし、網膜投影ディスプレイでは、目のピント調整機能を用いず網膜に直接投影するアプローチをとっているため、老眼や近視、遠視などの視覚障害に関係なく、比較的クリアにものが見えるようになります。現在この分野ではさまざまな企業がデバイスの開発を行っています。視覚のためのテクノロジーが導入されていくことで、高齢者もデジタル体験をする機会が増え、デジタルがより身近になっていくでしょう。

失語症の方を手助けできるメガネ型デバイス

網膜投影ディスプレイのほかにも、視力の拡張に取り組んでいるベンチャー企業があります。

以前まで私の研究室の助教を務めていた、xDiversityのメンバーであるオトングラス代表取締役の島影《しまかげ》圭佑《けいすけ》さんは、脳梗塞で失語症を患った父親を介助すべく、大学時代から「OTON GLASS《オトングラス》」の開発をスタートしました。

この「OTON GLASS」は、字が読めない「失語症」や「ディスレクシア」の人向けに開発されたスマートグラスです。「OTON GLASS」を装着し、読みたい文字のほうを向いて付属のボタンを押すと、書かれた文字が音声として読み上げられます。

文字の読み上げ機能に関してはスマートフォンアプリに類似のサービスがありますが、アプリを立ち上げて文字を撮影する必要があり、手間がかかっていました。また、文章の読み上げ専用機器なども存在しますが、室内用のため外では使用できないという課題があります。

しかし、「OTON GLASS」はメガネ型デバイスのため、どこでも違和感なく装着することができ、かつハンズフリーで利用することができるのです。

「おとん」のために開発されたこのプロダクトは、日本国内で盲学校、福祉施設を中心に購入され、多くの方を救っています。

髪の毛で音を感じる装置

「視覚」に続いて紹介するのは「聴覚」の拡張です。

富士通の会社員で、xDiversityのメンバーでもある本多達也《ほんだたつや》さんが開発した「Ontenna《オンテナ》」は、ヘアピンのように髪の毛に装着することで、振動と光によって音の特徴を感じることができるインターフェイスです。30デシベルから90デシベルの音圧を２５６段階の振動と光の強さに変換し、音の特徴を伝達します。

音源の振動をリアルタイムで伝達することで、音のリズム・パターン・大きさを「知覚」することが可能になります。音楽や映像作品を楽しむだけでなく、日常生活で使用することもできるため、電話やインターホンに反応できたり、交通事故の防止につながったりすると期待されています。また視聴覚障がい理解のためのコミュニケーションや情報教育での応用も期待されています。

本多さんは、学生時代にろう者と出会ったことをきっかけに、手話通訳や、手話サークルの立ち上げなど、ろう者の介助に取り組み始めたそうです。ろう者の人々からフィードバックをもらい、開発を進め、「髪の毛」という独特のインターフェイスも、ろう者とのコミュニケーションの中で生まれたものだそうです。

僕は日本フィルハーモニー交響楽団と２０１８年４月、同年８月、２０１９年８月にとあるイベントを開催しました。それが、ろう者にオーケストラを聴いてもらう「耳で聴かない音楽会」、そして第２弾として開催された「変態する音楽会」、第３弾として開催された「交錯された音楽会」です。※24

※24 その後も「双生

この音楽会では、ろう者用のデバイスとして「Ｏｎｔｅｎｎａ」に加え、音を振動に変換し、身体中に音を伝える「ボディソニック」※25、抱きかかえることで音楽を視覚と振動で感じられる風船型のデバイス「ＳＯＵＮＤ《サウンド》　ＨＵＧ《ハグ》」※26、振動で音楽を体感できるジャケット型のウェアラブルデバイス「ＬＩＶＥ　ＪＡＣＫＥＴ」※27の４つのデバイスを使用し、オーケストラの音楽を「知覚」してもらうことにチャレンジしました。コンセプトは「聴覚障がいのあるなしにかかわらず楽しめる」。演奏は日本フィルハーモニー交響楽団のプロフェッショナルなクオリティの高さにこだわり抜いたものでした。

こうしたアウトプットを通じて、聴覚障がいのある方々から「初めて音楽を理解できた」「音楽を聴く感覚がわかった」といった喜びの声をもらうことができました。まだまだ課題はありますが、身体拡張の第一歩として、大きな手応えを感じることのできたイベントでした。

する音楽会」（2020年10月）、「醸化する音楽会」（2021年8月）と2021年現在に至るまで毎年開催を続けている。

※25 ★パイオニア社製。振動装置が組み込まれたポーチとザブトンクッションで構成されており、これらのシステムを使用すると、小音量でも振動ユニットからは臨場感溢れる重低音振動が直接体に伝わり、聴覚障がいのある方（補聴器を使っている難聴、または中途失聴の方）も音楽を楽しむことができる。

※26 ★ピクシーダストテクノロジーズ社製。抱きかかえることで音楽を視覚と触覚で感じられる球体型デバイス。

※27 ★落合が博報堂

足首の動作を再現した義足

知覚以外の身体拡張として、読者のみなさんが真っ先に思い浮かべるものの一つといえば、義手・義足ではないでしょうか。xDiversityではその研究や社会実装に取り組んでいます。

マサチューセッツ工科大学（MIT）で下腿義足研究の博士号を取得している遠《えん》藤《どう》謙《けん》さんはxDiversityの主要メンバーの一人であり、「サイボーグ義足」「途上国向け義足」「競技用義足」という3種類の義足を開発しています。遠藤さんが開発している義肢を一つずつ、紹介していきましょう。

まずは、「サイボーグ義足」。これは、歩く、座る、階段の上り下りといった日常的な動作を想定したロボット義足です。特徴的なのは、従来のバネやダンパー

と共同開発した。楽曲を演奏パートごとに分解し、ジャケットに内蔵された小型スピーカーから個別に再生する。身体の動きに合わせて音楽の聞こえ方が変化するため、触覚を含めライブハウスのような音楽体験が可能になる。

を用いず、能動的に関節を動かすモーターやバッテリー、コンピューター、センサーを搭載して人の足の動きに対応する仕組みになっていること。歩き出す前に足首の角度をセンサーが感知し、動きに合わせてモーターが地面を蹴り出すことで、従来の義足には再現できなかった足首の動作を実現しました。これによって、より自然な動きができるようになり、従来の義足に比べ大幅に歩行が楽になるのです。この義足は、xDiversityでも研究開発や普及に取り組んでいた、乙武さんの「乙武義足プロジェクト」にも利用されました。

二つ目は、「途上国向け義足」。これは、途上国で使用されることが想定された、安価でクオリティの高い義足です。遠藤さんがMIT時代に訪れたインドで、現地の人々に支給されていた義足の質の低さから、開発を思い立ったとのこと。材料から技術まで、全て現地で調達することで、安価で提供することを実現したものです。

三つ目は、「競技用の義足」。これまで、障がい者アスリートの多くは、100万円近く費用がかかる義足のオーダーメイド開発が経済的な事情で叶わず、自分に合わない量産型の競技用義足の装着を余儀なくされていました。そんな現状を打破すべく、日本から世界レベルの選手を生み出し、障がい者アスリートの経済事情を改善することを目標に、国内外選手と契約しています。またxDiversityでは安価な義足を作り、義足を必要とする子どもが義足体験できる機会を増やすべく、「Blade for All」のプロジェクトも行っています。

義肢で「痛み」すら感じられる日が来るか？

義肢の開発は日々進んでおり、「痛み」を感じることができるものも開発されています。

アメリカのJohns Hopkins《ジョンズホプキンス》大学は、鋭利な物体に触れると、痛みを装着者に伝え、尖った物体を自動的に手放す義肢を研究していました。[※28] 既に販売されている筋電義手「ビーバイオニックハンド」を改変したもので、鋭利な物体を持つと、圧力が局所に集中し、義手が不快なものとして判断し、自然とその鋭利な物体を落とす設計となっています。

※28 ★「Prosthesis with neuromorphic multilayered e-dermis perceives touch and pain」(Luke Osborn、Andrei Dragomir、Joseph L. Betthauser、Christopher L. Hunt)

2018年頃に話題になって以降、多くの類似研究が生まれています。ロボットのような存在だった義肢を、本物の手足のように使える日が到来するためには、こうした研究が進んでいくことも非常に大事だと考えています。

世界展開へ歩を進める筑波大学発のロボットスーツ

身体拡張テクノロジーの中でも、SF色が強いのが「パワードスーツ」でしょう。歩行障がいのある患者や、重いものを持ち上げる補助としての活用が期待されている領域です。アメリカでは、軍用を中心に筋力のアシスト機能に特化したパワードスーツが開発されています。

日本におけるパワードスーツの先駆といえば、ロボットスーツ「ＨＡＬ《ハル》」。これは、僕がＣＥＯを務めるピクシーダストテクノロジーズと同じ筑波大学発ベンチャーである、サイバーダイン株式会社の山海嘉之《さんかいよしゆき》教授が開発した世界初のパワードスーツです。

サイバーダインは現在、ドイツの保険機関を事業パートナーとし、世界展開を進行中。身体機能の改善治療として展開されることが期待されており、介護制度が発達しているヨーロッパでの保険適用を目指しています。

その他にも、株式会社イノフィス提供の腕や腰を補助する「マッスルスーツ」、ユーピーアール株式会社提供の腰を補助する「アシストスーツ」、株式会社ＡＴＯＵＮ《あとうん》提供の「着るロボット」である「パワードウェア」、ダイヤ工業株式会社提供のサポートウェア「DARWING《ダーウィン》」など、さまざまなパワードスーツの開発・商用化が進められています。

「まごころ」のケアの困難さ

第2章の後半は、情緒的ケアを支えるテクノロジーの最新事例を紹介します。

「情緒的ケアをテクノロジーで支える」と聞くと、少し淡白で、冷たい印象を抱いてしまう方もいらっしゃるかもしれません。介護における情緒的ケアは、介護職の方や家族による「愛情」「まごころ」によって執り行われるべきであり、無機質なテクノロジーで代替するなんて、言語道断だという意見をお持ちの方もいらっしゃいます。

しかし、本当にそうでしょうか？　もちろん、僕は「愛情」や「まごころ」によるケアを否定する気は毛頭ありません。ただ、それらを重視するあまり、当の介護職の方々に大きな負担がかかっている現状も、見過ごすことはできないと思うのです。つまり、両方に価値があることを認めながら、テクノロジーへのシフトも考えなければならないということです。

第1章でも少し触れましたが、介護職の働き方に関して、多くの課題が存在しています。個人的に一番の問題だと思っているのは、介護職に求められる介護を受ける高齢者との関係性です。一般的に、介護職は高齢者と家族のような関係を築くことが望ましいといわれがちです。この要請こそが介護職の過重労働につながっているのではないでしょうか[※29]。

介護施設に漂う生活感やコミュニティ感により、介護職一人ひとりに家族同然の親密な関係性が当たり前のように求められているのです。しかし、この感覚が求められる中で仕事を続ければ、誰でもいずれは心労を覚え、疲れ果ててしまう

※29 ★日本の建築家で、特別養護老人ホームに「個室」によるユニットケアやグループホームの制度化を推進した外山義氏は、「日本人の持っている家族のイメージに近づけようとすると、その分職

のではないでしょうか。僕は、いまの介護職に求められている過剰なコミットメントは美徳ではなく、歪《いびつ》だと感じています。

これまでの家族的な介護は、「ケア」として考えれば、良質な信頼感の構築手法の一つだったのかもしれません。ただ、「労働」としては正しいとはいえない。介護利用者が亡くなる度に職員がショックを感じざるを得ず、職員は毎回「死の責任」をストレスというかたちで与えられているのです。※30

病院においては、人が亡くなることを、病院側も利用者側も理解しています。しかし、介護施設では、病院のようなある種の割り切りが存在しない。介護者である従業員も、親密な人が亡くなったかのように感じ、過度なストレスを抱えてしまう。かといって、つらさを軽減しようと定期的に部署の異動をすれば、利用者との信頼関係が築けなくなる。この歪さは、なんとかしなければいけない課題でしょう。

員の負担が大きくなりますよね。家族のように関係を深くしていかなければならないとなると職員は追い込まれていく気がするのです」と指摘している。

※30 ★介護職員・在宅介護及びデイサービスセンターで勤務経験もありライターでもあるというふじもりちえこ氏は、「介護職にとって、『看取ることはやりがいのあるケア』だということも言われます」と指摘する一方、「利用者の最期に直面すると、家族や親族といった立場でなくても、悲しさや寂しさ、無力

感といったものを感じる介護職は多いでしょう」とも指摘している。

人間的な「見守り」を担うテクノロジー

それでは、情緒的なケアを支えるテクノロジーとしてどのようなものがあるのか、いくつか事例を見ていきましょう。

被介護者や障がい者の入浴を支援するロボットアームは介助者リソースを削減していますが、それだけでなく、僕は「人間にしかできない」と思われている「見守り」も同様に、テクノロジーを活用することで代替可能だと考えています。

「見守り」で「手動」の例は、ナースコールです。ただ、従来のように受話器を通して声が聞こえるだけでは伝達できる内容が限定的なうえ、あまり安心感がありません。急いで駆けつけるべき案件なのか、多少後回しにしていい案件なのか、声だけではわかりづらく、夜勤の介護職の負担増加にもつながっています。[※31]

※31 ★ちなみに、グ

そこで、ナースコールと同時に病室のテレビ画面が切り替わり、介護職の人の顔が表示されたらどうでしょう。顔を見て会話ができるため、利用者の安心感は向上するのではないでしょうか。こうしたビデオ通話ができるデバイス導入の実現は、スマホ一台あれば、明日にでも実現可能ですし、そういったケアの視聴覚デバイスの検討は現在盛んに行われています。

人とコミュニケーションをとってくれるロボット

さらに、家族型ロボット「LOVOT《らぼっと》」をはじめ、コミュニケーションそのものを目的としたロボットも普及の兆しを見せています。

ほかにも、ユカイ工学株式会社が提供する家族をつなぐコミュニケーションロボット「BOCCO《ボッコ》」、パナソニックが開発した同居人のような弱いロボット

ループホームや小規模多機能型居住介護施設、看護小規模多機能型居住介護施設において、1人体制の夜勤が恒常的に行われている。夜間にいつ起きるかわからない利用者への対応以外にも、日中できなかった業務や翌日の朝食の準備などもあり、1人夜勤では仮眠や休憩をほとんど取れない状況になっている。

「ＮＩＣＯＢＯ《ニコボ》」、ヴイストン株式会社が提供するテーブルトップサイズのコミュニケーションロボット「Ｓｏｔａ《ソータ》」など、さまざまなコミュニケーションロボットが開発・普及しつつあります。

なお、コミュニケーションのテクノロジーに関しては、コロナ禍における変化も重要なポイントですが、それはＺｏｏｍをはじめとするビデオ会議ツールの普及などと合わせて後述します。

外出を支援できる分身ロボットとは？

会話のみならず、「外出する」という行為を支援してくれるテクノロジーもあります。

たとえば、ＡＮＡホールディングス発のスタートアップ・ａｖａｔａｒｉｎ《アバターイン》株式会社は、遠隔操作ロボットを活用することで「移動」を拡張します。[※32] アバター体験を検索、予約し、パソコンやスマートフォンから遠隔で自由に操作することで、まるで現地にいるような体験をすることができます。家にいながらにして、世界各地に出かけることができるのです。

分身ロボット「OriHime《オリヒメ》」は、子育てや単身赴任、入院など距離や身体的問題によって行きたいところに行けない人に、「もう一つの身体」を提供します。「移動の制約」を克服し、「その場にいる」ようなコミュニケーションを実現してくれるのです。

「OriHime」にはカメラ・マイク・スピーカーが搭載されており、インターネットを通して操作できます。学校や会社、あるいは離れた実家など「移動の制約がなければ行きたい場所」に「OriHime」を置くことで、周囲を見回したり、聞こえてくる会話にリアクションをするなど、あたかも「その人がその

※32 ★ANAホールディングスが2020年4月1日、これまでデジタル・デザイン・ラボにてプロジェクトとして進行していた「アバター」を、社会インフラ化し事業として立ち上げるために設立した、同ホールディングス初のスタートアップ会社。

場にいる」ようなコミュニケーションが可能になります。

開発者の吉藤オリィさんは、「孤独を解消する『リレーションテック』」を掲げて、開発を進めてきました。「ＯｒｉＨｉｍｅ」があれば、介護においても、より介護を受ける方々のやりたいことをより広く実現できるようになるでしょう。実際、施設から出られない高齢者がボランティアの人に「ＯｒｉＨｉｍｅ」を運んでもらい、お墓参りや買い物にいくことで精神的リハビリになった事例もあるそうです。

また、ＡＬＳなどの難病や重度障害で外出困難な人々が、分身ロボット「ＯｒｉＨｉｍｅ」「ＯｒｉＨｉｍｅ−Ｄ」を遠隔操作し、サービススタッフとして働く実験カフェ「分身ロボットカフェ」という実践もあります。「動けないが働きたい」という意欲ある外出困難者たちに雇用を生み出すと同時に、人々の社会参加を妨げている課題をテクノロジーによって克服することが目指されたものです。

文脈は異なりますが、もっとテクノロジーの開発が進めば、もはやコミュニケーションに人すら不要になるかもしれません。実際、コミュニケーションをロボットが代替してくれるサービスも開発されています。なかでも２０１６年に設立されたイスラエルのベンチャー企業が開発した「ＥｌｌｉＱ《エリーキュー》」は、専用タブレットと併用する対話ロボット。高齢者が簡単に友達や家族、そして世の中とコミュニケーションをとれるようにすることを目指しています。

これはスマートスピーカーとは異なり、能動的なコミュニケーションをとります。「ＥｌｌｉＱ」はユーザーに対し「写真が届いたけど見たい?」「投稿に返信する?」などと積極的に話しかけたり、薬の時間や外出の予定をリマインドするなど「アシスタント」ではなく、「コンパニオン」の機能を果たすのです。

もちろん、ロボットとのコミュニケーションだけで、人とのコミュニケーションと同等の満足感を得られるようになるまでは、まだまだ時間がかかるでしょう。

とはいえ、こうしたコンパニオン的なロボットの開発にAmazonを含む多くの企業が参入しつつあります。テクノロジーにおける情緒的ケアの支援のあり方も、大きく変わってくるのではないでしょうか。

認知症患者とコミュニケーションをとるアンドロイド

認知症の方とのコミュニケーションにも応用可能なロボットも開発されています。大阪大学の石《いし》黒《ぐろ》浩《ひろし》教授が開発する「Telenoid《テレノイド》」は、抱っこして会話する人形のようなアンドロイドです。

個性を削ぎ落とした、シンプルな外見で、幼い子どもにも大人にも見えるこのロボットですが、認知症の患者さんに抱っこさせて、それを通して会話をすると、人間同士で対面して会話をするよりも、スムーズに喋れるようになることが確認されました。※33

※33 ★大阪大学大学

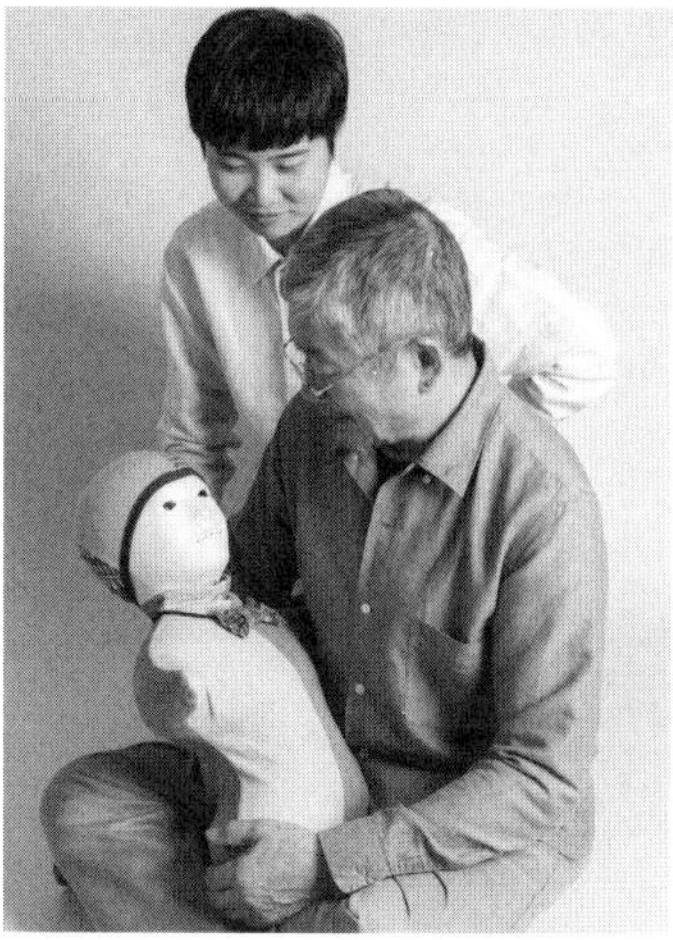

認知症患者とコミュニケーションをとる「Telenoid」。写真は利用イメージ。

検査内容は、80代後半から90代の高齢者の重度認知症患者3名と、大学生との対面会話と、このTelenoidを介しての会話を比べるというもの。

院人間科学研究科教授・佐藤眞一の研究室の協力によって行われたテレノイドの調査結果より。

すると最も重度のAさんは、学生が対面で話しかけても、意味不明な言葉を発したり、奇声を発したりするだけだったのですが、同じ学生がTelenoidを介して話しかけると、多くは意味不明だったものの、まれに「かわいいね」といってTelenoidを触ったり、テレノイドが歌うとそれに合わせて顔を動かしたりしたそうです。

最年長で、やや重い認知症のBさんは、学生との対面では、楽しかった思い出を生き生きと話すのですが、一方的で会話にはならなかったそうです。一方、Ｔｅｌｅｎｏｉｄを介して話すと、「大きくなったら何になる?」と自分から尋ねたり、その答えにもさらに言葉を返したりと、自然な会話が成立しました。

もう一人のＣさんも、やはりＴｅｌｅｎｏｉｄを介すことで自然な会話が成立しました。

このようにＡＩやロボットなども、文脈やインターフェースの設計、その活用の仕方次第では高齢者との高い親和性を生み出すのです。

心を読み取るための身体動作計測

これからの世界では、身体のみならず精神状態を把握するためのテクノロジーも、少しずつ現場で活用されはじめると考えています。

ただ、精神状態を把握するためのテクノロジーとして、心の中を見ていく技術を発達させるのはなかなか困難であるとも思っています。そこで、僕は人やモノの動きをデジタルに記録する「モーションキャプチャ」や「身体動作計測」の発展に注目しています。

モーションキャプチャとは、三次元グラフィックスにおける開発手法の一つで、人間や動物などの動きを測定してコンピューターに取り込む技法のことです。たとえば、２００９年に公開された映画『アバター』において、まるで人がそのまま演じているような表情や動きをするキャラクターが話題となりました。モーションキャプチャの技術を使って、実際の人の動きをトレースしたものによってCGを操作することは現在よく行われています。

なぜ、身体動作の計測が精神状態の把握の技術として使えるかといえば、人間の心理状態は、本人が思っているよりも身体に現れやすく、動作をとらえるだけでもある程度は把握できるからです。たとえば嘘をつく時に右の眉が上がったり、緊張すると唇を噛んだり、などの動作に心当たりはないでしょうか。精神に障がいを抱えて、うまく口頭や態度で表現できない人であっても、こういった高精度なトラッキング技術を利用すれば、事前に本人の抱えるストレスの兆候をとらえ、周りで補助することができるかもしれません。実際、行動探知は多くの論文があります。[※34]

モーションキャプチャは近年ではバーチャルＹｏｕＴｕｂｅｒになるためのツールとして注目を集めていますが、動作に表れる人間の精神状態を把握する手段としても、利用可能性が高く、低価格化していくと思います。

ほかにも、人が話す単語を分析し、その人の精神状態を判断するデバイスも研究されています。[※35] ＡＩはわずかな声の抑揚や呼吸の機微をとらえられる点でも優

※34 ★たとえば、「高齢者モニタリングのためのカメラ画像を用いた異常動作検出」（関弘和、堀洋一）や、「深度画像を用いた高齢者の危険行動検知」（立場将太、花沢明俊）などの論文がある。

※35 ★たとえば、2

れており、人間同士では把握することのできない、精神的なストレスを見つけることも報告されています。これらの技術はデバイスの精度に依存するので、さらなる発展が求められています。[※36]

コロナ禍でますます求められる、情緒的ケアを支えるテクノロジー

２０２０年に全世界を襲った、新型コロナウイルス感染症によるパンデミックは、甚大な被害をもたらしました。しかし、介護における情緒的ケアを支えるテクノロジーの発達に関しては、このパンデミックが大きく社会実装を後押しした面もあります。

たとえば、２０２０年には、各所で外出自粛が求められ、ビデオ会議サービス「Ｚｏｏｍ」をはじめとしたオンライン会議サービスが一気に普及。多くの飲食店が営業自粛や営業時間の短縮を求められる中で、Ｚｏｏｍを介してオンライン上

018年8月、MITの研究者らは、日常会話のテキストと音声からうつ病を示すパターンを検出する機械学習モデルを発表した。一連の言葉や話し方のパターンを分析することで、うつ状態かどうかなどが判断できるという。

※36 ★たとえば、2017年6月、イスラエルのスタートアップ・ビヨンドバーバルは、米アップルの「Siri」や米アマゾン・ドット・コムの「アレクサ」などの人工知能（AI）スピーカーに話し声から人の感情を読み取らせる技術を公開した。話の中身や文脈を考慮せず、イントネーションを分析して不安や興奮、怒りな

で飲み会を行う「Ｚｏｏｍ飲み」も一世を風靡しました。

このＺｏｏｍ飲みですが、２０２１年現在、20～30代の若年層にとってはすでにブームは過ぎ去り、一過性のトレンドに過ぎなかったという見方もあります。しかし、興味深いことに、こと高齢者に関しては事情が違っているのです。若年層に比べて重症化リスクが高く、外出自粛のモチベーションが高くなりがちな傾向もあいまって、高齢者の間でＺｏｏｍ飲みが定着しているケースも見られます。これはまさに、「情緒的ケアを支えるテクノロジー」の典型的な実装例といえるかもしれません。

介護施設においても、Ｚｏｏｍをはじめとしたビデオ会議ツールが急速に普及しています。パンデミックに際しては、高齢者を多く抱える介護施設は、入居者と家族の面会を強く制限するようになりました。代わりに、ビデオ会議ツールを介した面会が、数多く行われるようになっているのです。

どの感情のサインを見つけ出すという。

そして、コロナ禍に際して「ソーシャルディスタンス（社会的距離）」の確保が求められるいま、こうしたビデオ会議ツールや、先述の普及しつつあるコミュニケーションロボットによるコミュニケーションのみならず、身体的コミュニケーションをいかにして取り戻していくかが、次なる課題として浮上しつつあります。

その解決のためのテクノロジーとして、たとえば、「テレプレゼンスロボット」があります。先に紹介した分身ロボット「ＯｒｉＨｉｍｅ」もその一つといえますが、テレプレゼンスロボットとは、テレビ会議、ロボット、遠隔操作技術を組み合わせることで、自分の分身として、特定の場所に存在させることのできるロボットのことです。街中や商業施設、観光施設などに設置されたアバターに「アバターイン（ログイン）」することで瞬間移動できる、コミュニケーションアバター「ｎｅｗｍｅ《ニューミー》」が代表格です。２０１６年にシャープが販売を開始した

「RoBoHoN《ロボホン》」[※37]というのもあります。また、VR技術やAR技術の発展も、「そこにいる」感覚をバーチャル上で再現していくためには、必須となっていくでしょう。このように、情緒的ケアを支えるテクノロジーは、コロナ禍のいまだからこそ、より一層求められるようになっているのです。

介護者の負担軽減も期待される最新技術とは？

身体機能を補完するテクノロジー、情緒的ケアを支えるテクノロジーのそれぞれについて、最新事例を紹介しました。これらは、介護を受ける人だけでなく、介護をする方々をも助けます。介護者の見守りや、さらにはもう少し視野を広げると、医療従事者による治療を支援するテクノロジーの開発も、近年は大幅に進んでいます。現在は医療目的で開発されているものが主ですが、介護にも十分に転用できるものばかりだと思います。

※37 ★シャープ株式会社が開発したヒューマノイドロボット。電話やメール、カメラなど携帯電話の基本的な機能を備えており、全機能が音声対話による操作に対応している。

たとえば、Ｃｏａｉｄｏ《コエイド》株式会社が開発する「１１９《イチイチキュー》」は、１１９番通報をしながら周囲にＳＯＳを発信できる緊急情報共有アプリです。[※38]

病院外での突然の心停止は、老若男女問わず誰にでも起こり得ます。Ｃｏａｉｄｏ株式会社によると、病院外での心停止時には、迅速な救命処置ができないケースが多く、約９割の方が亡くなっていて、その数は年間７万人以上にものぼるそうです。

「Ｃｏａｉｄｏ１１９」は、アプリで緊急情報を共有することで、命を救う仕組みです。実名登録した発信者（一般の方を含む）から、事前登録した受信者（医療有資格者や救命講習受講者、ＡＥＤ設置者等）に情報が届き、救急車到着までの約10分間の救命ボランティアを要請することが可能に。これによって、命を救う人たちの仕事が大きく支援されることが想定されます。

※38 ★落合が委員を務める未来イノベーションＷＧが２０１９年３月に発表した資料「未来イノベーションＷＧからのメッセージ」とＣｏａｉｄｏの公式ＨＰ参考。

こういった「助けを呼ぶ」の支援には、ドローンを活用する動きも現れています。たとえば、２０１９年にスタートした、デンマークの国家プロジェクト「ＨｅａｌｔｈＤｒｏｎｅ《ヘルスドローン》」※39。デンマークでは、高齢者が増えている地域でも、医療機関が閉鎖になるケースが多いそうです。そのため、結果として患者が治療のために遠くの医療機関を訪れる必要が生じてしまっています。

こうした現状を打開するため、医療ドローンはコスト面、サービス面において少なくないメリットを生むでしょう。最初の３年は、血液などのドローンによる地域間輸送、その後は医療専門職も乗せての輸送を計画しています。

実際に、血液サンプルを離島にドローンで運ぶ実験を実施しました。ドローンなしだと輸送にかかる所要時間はおよそ12時間でしたが、所要時間はドローンに

※39 ★前掲資料「未来イノベーションWGからのメッセージ」とFALCKの公式HP参考。

より45分に削減されることが見込まれているそうです。これは医療の質の大幅な向上に寄与するでしょう。

もはや「助け」すら不要に？　異常検知テクノロジーの発展

さらにテクノロジーが発達すれば、もはや「助けを呼ぶ」必要すらなくなるかもしれません。すでに、アメリカを中心として、スマートウォッチや行動検出技術を活用して、身体の状態を計測し、異変が起きたらすぐにアラートを飛ばしてくれる仕組みの実装が進んでいます。

アメリカで開発された「QMedic《キューメディック》」は、バイタルデータとAIを活用して異常を検知してくれます。※40 ウェアラブル端末から取得される日常的なバイタルデータや日常の行動をもとに、異常な行動を検知。患者の状況は、ダッシュボードで一元管理が可能です。異常を検知した場合には、予め登録されている連絡先に

※40　★前掲資料「未来イノベーションWGからのメッセージ」とQMedicの公式HP参考。

連携し、介護職チームが即座にケアを行ってくれます。

似たようなデバイスに、アボットジャパンが開発する「フリースタイルリブレ」もあります。[※41]５００円玉大のパッチ式センサーを上腕に貼るだけで、採血なしで血糖値を最長14日間にわたり連続測定できるデバイスです。また、ＡＩを活用して、糖尿病網膜症を自動検出する「糖尿病網膜症検出ＡＩ」というものもあります。[※42]

認知症の検知テクノロジーも開発されています。カナダのＷｉｎｔｅｒ《ウィンター》ｌｉｇｈｔ《ライト》 Ｌａｂｓ《ラボ》は、ＡＩを活用した認知症の早期検知を可能に。[※43]ｉＰａｄに投影された写真について状況を後述するなどの5分から10分の簡単なテストを通じて、言葉の選択、文章の構成、スムーズさなどをもとに認知機能についての簡易診断を実施。テストのデータは蓄積され、集合知として解析されます。

※**41** ★前掲資料「未来イノベーションＷＧからのメッセージ」とアボットジャパン合同会社の公式ＨＰ参考。

※**42** ★前掲資料「未来イノベーションＷＧからのメッセージ」とＦＤＡ、糖尿病ネットワークの公式ＨＰ参考。

※**43** ★前掲資料「未来イノベーションＷＧからのメッセージ」とＷｉｎｔｅｒｌｉｇｈｔ Ｌａｂｓの公式ＨＰ参考。

ウェアラブルデバイスやモーションキャプチャのみならず、僕たちが日頃着ている衣服へのテクノロジー搭載というかたちでのアプローチもあります。

イメージしやすいものとしては、心電図や心拍データを確認できる「スマートTシャツ」がアメリカで開発されています。※44 Tシャツを着ている間に心電図と心拍数を計測し、スマートフォンのアプリに転送。その結果を本人や家族・医師に転送することや、心拍の異常等に応じてアラートを出すことが可能になります。

日本でも、ミツフジが高機能性を持つ伝導性繊維「AGposs《エージーポス》」を使用し、精緻なデータ取得と、長時間快適に着ることのできるウェア「hamon《ハモン》」を開発しています。※45 心電/心拍・呼吸数・ジャイロ・筋電・加速度・温度/湿度のモニタリングが可能になり、従業員の見守り、介護、スポーツコンディショニングなどで活用が見込まれています。

※44 ★前掲資料「未来イノベーションWGからのメッセージ」とemglareの公式HP参考。

※45 ★前掲資料「未来イノベーションWGからのメッセージ」とMITSUFUJIの公式HP参考。

スマートウォッチでは血中酸素濃度のモニタリングもできるようになってきましたし、今後ますます活用が進んでいくでしょう。

「異常」の手前で事前察知するテクノロジー

さらには、「異常」になる前に、事前に察知するテクノロジーの開発も進んでいます。

アメリカで、ＭｉｃｒｏｓｏｆｔのクラウドプラットフォームであるＡｚｕｒｅ《アジュール》を活用して、ＡＩによる機械学習とクラウド技術により、急な心停止や呼吸停止、敗血症などを事前に察知する取り組みもなされています。[※46] ＡＩの活用により、トータルで10億件にもおよぶ全患者の医療情報を網羅し、次の４時間以内に起こり得る急な病状の悪化を察知することが可能のようです。これは介護施設においても、大きな効力を発揮する可能性があるでしょう。

※46 ★前掲資料「未来イノベーションWGからのメッセージ」とＯｃｈｓｎｅｒの公式HP参考。

また、異常の事前察知を、「声」から行う取り組みもなされています。日本のベンチャー企業Ｅｍｐａｔｈ《オンパス》は、音声などの物理的な特徴量から気分の状態を独自のアルゴリズムで判定するプログラムを構築。[※47] 数万人の音声データベースを元に喜怒哀楽や気分の浮き沈みを判定する、意欲的なサービスを開発しています。

「自分の身体の異常を検知し、助けを呼び、診断してもらう」というプロセスも、テクノロジーによって補完されつつあり、それらが当たり前になるのが２０２０年代から２０３０年代でしょう。

院内業務を効率化するシステムも導入されている

やや角度は変わりますが、医療分野において、スタッフのマネジメントを効率化してくれる技術も開発されています。

※47 ★前掲資料「未来イノベーションWGからのメッセージ」とEmpathの公式HP参考。

アメリカでは、Wi－Fi RFIDタグによる「リアルタイム位置情報管理システム（RTLS）」と分析ソリューションを活用して、病院内の手術室に勤務する医療スタッフや患者の動きを追跡し、院内業務の効率化を実現してくれるシステムがあります。※48

このシステムを導入した病院では、年間1万件近い手術を実施していました。院内の手術室に勤務する看護師や看護助手、数名の医師の任意協力のもとで、各医療スタッフの名札にトラッキング用のタグを取り付け。天井のセンサーを通じて各スタッフの勤務中の動きを追跡・分析して、スタッフの移動が最も頻繁なエリアをヒートマップで示します。

それにより、要求の多い患者を特定したり、より効果的な人員配置について検討することが可能になります。個々の患者へのケアのみならず、施設全体のケア

※48 ★前掲資料「未来イノベーションWGからのメッセージ」と独立行政法人情報処理推進機構（IPA）とRFID JOURNALの公式HP参考。

を最適化してくれるというわけです。これはいずれ、介護施設などにも応用できるかもしれません。

第2章では、身体機能を補完するテクノロジー、情緒的ケアを支えるテクノロジー、そして介護者を支えるテクノロジーについて、一人の実践者としての立場から、最新事例を紹介しました。こうしたテクノロジーの開発や研究に携わる立場として、これらができるだけ早く当たり前のものになることを願っています。

第3章

少子高齢化社会の日本が起こす「第4次産業革命」

第3章のポイント

日本が抱える少子高齢化と人口減少という課題。この課題は、今後、世界各国に時間差で訪れると予測されています。

人材不足について、日本はこれまで日系人や技能実習生の受け入れといった対応で乗り切ってきました。

しかし、それ以外のやり方もあります。それが、テクノロジーで労働の「省人化」を図ること。この方法で、人口減少社会でも日本が成長していく姿を見せることは、世界に対してのアプローチという面でも大切でしょう。

もちろん、テクノロジーによる省人化は万能ではありません。しかし、やるか

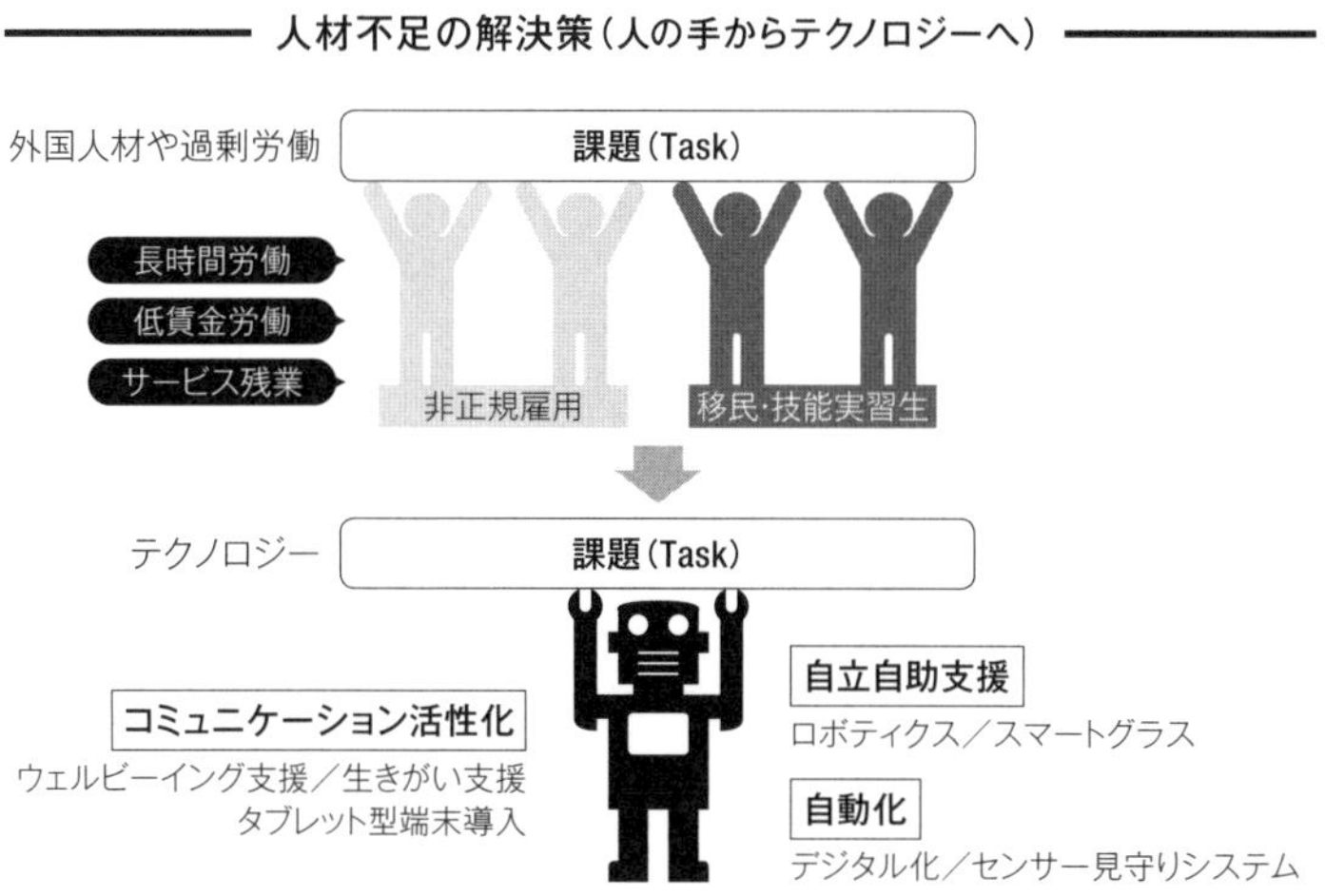

やらないかでいえば、長期的視点でやったほうがいいのは明らかです。そう考えたとき、人手不足に悩む介護業界をテクノロジーで解決する話は、人口減少社会への課題解決を先行する話とも読み取れます。「技術屋」である僕は、その点でも、介護業界に注目し、何か貢献できることはないかと考えています。

高齢社会の日本だからこそ、「第4次産業革命[※49]」を起こせる。その理由を、見ていきましょう。

※49　★デジタル技術の進展と、あらゆるモノがインターネットにつながるIoTの発展により、限界費用や取引費用の低減が進み、新たな経済発展や社会構造の変革を誘発すると議論されている産業革命。

「老い」との向き合い方やテクノロジーの活用法を考えていくうえで、ビジネスの視点も外すことはできません。「老い」は個々の人々にとって大切で実存的な問題であると同時に、「産業創出」の母でもあるのです。成長産業としての介護[※50]を、第3章として論じたいと思います。

僕が介護に注目している理由の一つは、介護業界へのテクノロジーによるアプローチが、結果的に、少子高齢化を迎える日本が現在とは違った観点での成長を遂げていくための第一歩になるとも思っているからです。また、テクノロジーによる介護の人材不足の解消は、ほかの産業に対しても応用・展開できるため、日本社会全体の人材不足の抜本的な解決や新しい考え方の導入の端緒となるかもしれません。

第3章では、ビジネスの面から、介護がいままさに成長産業になろうとしている現状を紹介していきます。

※50 ★日本介護予防協会によれば、2014年度の介護サービス市場の規模は8・6兆円だったが、2025年には18・7兆円になる見通しとのこと。

日本衰退の代名詞、「少子高齢化」と「人口減少」

メディアによって日本の衰退が取り上げられる際、最も多く語られる切り口の一つが「少子高齢化」とそれに伴う「人口減少」です。[※51]

たしかに、経済成長を考えるうえで、労働力と直結する変数の「人口」は非常に重要なファクターでした。[※52]今後、急速な成長が見込まれているアフリカ地域の人口は、2019年時点の10・7億人から、2100年には約38億人に達するといわれています。[※53]

一方、日本の人口は2020年9月1日時点で1億2575万人[※54]と、ピーク時だった2008年10月1日の1億2808万人より、減少の一途を辿っています。今後、人口減少は加速度的に進み、2065年の人口は8808万人[※55]へ。さらに

※51 たとえば2016年9月に放送されたNHKスペシャル『縮小ニッポンの衝撃』では、日本が人口減少社会に突入したことを取り上げ、縮小していく日本の未来図を描き出した。また、2021年6月26日付けの産経新聞朝刊では、「人口減　コロナ後の戦略急務」と題して、少子高齢化と人口減少によって、「社会の活力は奪われ、経済は縮小しかねない」と警鐘を鳴らしている。

２０６５年時点での人口に占める65歳以上の高齢者の割合は38・４％となることが見込まれており、「生産年齢人口」の減少は大きな社会問題と目されています。

日本では海外から「外国人材」と呼ばれる留学生や技能実習生を大量に受け入れることで労働力を賄ってきた事実があります。それでも言語や文化の壁があり、補填できる労働力には限界があります。ちなみに、日本にはコロナ禍の影響が出る前の２０１９年６月末には、２８２万人を超える在留外国人が暮らしていた事実を知っておくべきでしょう。※56

しかし、人口減少はあくまで問題の要素の一つであり、私たちが「何を目指すのか」さえはっきりしていれば、対処は可能なはずです。イノベーションの多くは「負」を解消するために生み出されてきました。少子高齢化を乗り越える解決策は、必ず存在するはずです。報道によって、人口減少を日本の将来に悲観的な要素として映し出してしまう人々は多いですが、世の中をどうとらえるかは、常

※52 ★人口減によって労働力人口が減少して成長率が低くなることを「人口オーナス」と呼ぶが、内閣府は「今後、人口オーナスに直面し、成長率が低減することが懸念される」と警鐘を鳴らしている。

※53 ★「アフリカの人口、21億人に倍増 変わる人口地図（４）」『日本経済新聞』２０１９年６月21日18時43分配信記事参考。

※54 ★総務省統計局「人口推計（２０２１年２月報）」参考。

※55 ★国立社会保障・人口問題研究所の「日本の将来推計人口（平成29年推計）」の結果の概要参考。

※56 ★法務省の出入国在留管理庁による２０１９年６月末現在に

に自分自身の見方によって変化するのです。
日本がいま目指しているのはＧＤＰ（国内総生産）という国家全体の付加価値の総和の向上です。社員が少なくても、業績を伸ばしている企業は数多くあります。この論理は、日本における人口減少と経済の問題にも当てはめることが可能と考えています。つまり、労働人口が減少しても、ＧＤＰは上げられる。経費を抑えて利益を最大化する発想に立てば、さらに豊かな社会を作り上げることも不可能ではないでしょう。ここでいう豊かさはＧＤＰのみに限らないはずです。

第１章でも述べたように、僕はＡＩやロボティクスをはじめとしたテクノロジーを社会に実装することで、減少する労働力を補い、さらなる付加価値を生むことができると考えています。超高齢社会の「課題先進国」といわれる日本が、先進国が直面している人口減少に伴う産業構造の変化を先んじて解決することができれば、近代社会を「ゲームチェンジ」することが可能だと考えています。

おける在留外国人数（速報値）は、282万9416人で、前年末に比べ9万8323人（3・6％）増加となり過去最高を記録した。

たとえば、中国が我々と同じような超高齢社会に突入するのは２０３５年以降だろうといわれています。※57 超高齢社会であるいまの日本が、経済成長のできるビジネススキームやロボティクス、ＡＩ技術を先んじて開発しておく。すると、数十年後に大きなビジネスチャンスがやってくる。そのときに、勝機を掴めるかもしれません。アメリカがミッキーマウスというキャラクターやコカ・コーラという製品（プロダクト）を世界に展開したように、これらの分野で「日本規格」が世界中にあふれるかもしれないのです。

蒸気機関が発明され、あらゆる工業が勃興した第１次産業革命、電気やガソリンエンジンが登場し、軽工業から重工業への転換が起こった第２次産業革命。そして、コンピューターが登場した第３次産業革命に続く、第４次産業革命が、高齢社会の日本から生まれると考えているのです。

ここからは、少子高齢化と人口減少によって逆説的に生まれる産業的な可能性

※57 ★「中国における少子高齢化とその社会経済への影響 ―人口センサスに基づく実証分析―」（厳 善平）参考。

を考えていきましょう。

テクノロジーによる労働の「省人化」

少子高齢化と人口減少への対処策の一つに、テクノロジーによる労働の「省人化」があります。

とくに、短いスパンで見たとき、一般事務全般や秘書といった、プログラムが行ったほうがコストが低くなる仕事は、デジタルツールやＡＩ、ロボットなどの自動化技術によって代替されつつあります。１人の人間を１年に数百万円の賃金で雇用するより、デジタルツールで省人化するほうが低コストになりやすいからです。

すでに業務を自動化するＲＤＡツールやアシスタント機能などで、デジタル省人化が進行している現代。日本人に求められるのは、人間が対応していた問題や仕事を、いかにデジタルツールで代替できるかを考えることです。テクノロジーによる労働の代替を「待つ」のではなく、人間からテクノロジーに「近づいていく」必要があると考えています。

この労働を代替するテクノロジーの出現をあまり好ましいと思わない人も少なくないかもしれません。しかし、一度でもテクノロジーの利便性を経験してしまえば、心理的な障壁はすぐに取り払うことができるようになるでしょう。

便利なスマホアプリはイメージしやすいかもしれませんが、介護のロボット化も早く進展する可能性があります。たとえば、第2章で詳しく紹介した、老人ホームでの「Ｔｅｌｅｗｈｅｅｌｃｈａｉｒ」の実証実験においても、最初は「どうなるか怖いわ」と不安を口にしていた80歳のおばあちゃんが、自走する車いすに乗っているうちに「なんだか悪くないわね」と、ノリノリになっていくケースを目にしました。

また、高齢化時代の労働力確保は喫緊の課題であるため、人々がテクノロジーによる省人化の必要性を漠然と感じていることも、テクノロジー導入の追い風となってくれるでしょう。

いま、政府は移民を受け入れることで労働力を補塡しようとしていますが、これは一時的な緊急対策に過ぎず、本質的な問題解決にはつながらないかもしれません。ほかの先進国も超高齢社会に突入する2025年から2030年頃までに、ロボットによる「自動化イノベーションモデル」を他国でも展開できるレベルまで高めておくことができれば、ほかの先進国に対して先行者利益や新しいブランドイメージを得ることもできます。

介護現場で活用されるテクノロジーの性質については第4章で詳述しますが、

テクノロジーによる労働の省人化は、少子高齢化が進むこれからの10年で一気に進んでいくと考えています。

介護産業は「テクノロジーで代替」の先駆となる

たしかに、少子高齢化は一面においてはピンチに違いありません。しかし、今後の対応の仕方によっては、ほかの先進国や発展途上国がぶつかる人口減少問題と経済停滞に対する解決策を提示するチャンスでもあると感じています。いまこそ、日本が国際的なブランドイメージを取り戻す契機ともとらえられるのです。

そのためには、前項で語ったような、人間からテクノロジーに近づいていくアプローチが求められるでしょう。テクノロジーが社会実装できるレベルに到達する前から、規制緩和やデジタル導入を大きく進める必要があるのです。導入にまつわる意思決定をデフォルトで「オン」にしておき、導入したくない方に「オフ」

にする自由を保障するなどの対応が求められています。

また、政府がトップダウンで社会実装を進めるのではなく、ある程度のリスクを民間が引き受ける必要も出てくるでしょう。「法規制のせいで、できなかった」と泣き寝入りするクリエイターやエンジニア、そして研究者をこれ以上生み出せるほど、僕たちに残されている時間は多くありません。全体で一つの選択肢が取りにくい時代には、柔軟な選択と多様なモデルケースが求められます。

僕がこのタイミングでこの本を出したのも、少子高齢化をチャンスに変えるために、少しでも多くの人たちにメッセージを届けたいと思ったからです。早急かつ適切にテクノロジーを実装していくためには、日本社会全体でその必要性を認識しなければいけません。そういった人たちが解決策を提案し、先入観にとらわれず、その技術的変化を受け入れていくことで、突破口は見えてくると思っています。

そんな技術的変化の先駆となるのが、介護産業だと僕は考えています。介護の現場は、社会に先んじて「省人化」「生涯現役」「身体拡張」といった、次世代のキーワードへのニーズが高く、新しい技術を実験的に実践する土壌がそろっています。

メルクマールは2025年

2018年11月、パリで開かれた博覧会国際事務局総会で、2025年万国博覧会（万博）の会場として大阪が選定されました。[※58] 2025年の大阪万博のテーマは「いのち輝く未来社会のデザイン」。日本らしさを再解釈した新たな魅力を提示し、「平成」の日本とは違った成長への希望を感じるイベントを目指しています。日本にとって大阪万博までの数年間は、転換点ともいうべきクリティカルな期間だと思っています。

※58 ★大阪万博は2025年5月3日から11月3日までの185日間にわたって、大阪湾の人工島・夢洲で開催される。想定来場者数は約2800万人。経済波及効果（試算値）は約2兆円とされている。

1970年に開催された大阪万博[※59]のテーマは、「人類の進歩と調和」。万博は、経済成長の真っ只中であった日本の勢いをアピールする場として、機能を果たしました。さらに、展示の中には「動く歩道」や「温水洗浄便座」「テレビ電話」など、当時の人類が考えたSFのような未来が内包されており、ポジティブな社会イメージを拡散するシンボルとしての役割を持っていたのです。

ICT（情報通信技術）が発達し、一瞬で情報交換のできる現代、前回の大阪万博で人気を博した「月の石」のような珍しいものを並べているだけでは、意味がないかもしれません。「スマホで見てOK」ではなく、大阪に足を運ぶことへの意味をはっきりと打ち出す必要があります。

2025年には新通信規格「5G」も当たり前のインフラとなっているはずなので、バーチャルな世界と現実世界が融合した、万博でしか体感できないコンテ

※59 ★1970年の大阪万博では当時としては万博史上最多の6422万人が来場。この来場者数は2010年の上海万博（7308万人）まで破られなかった。経済効果は約4兆9500億円。

ンツをどれだけ提供できるかが鍵となるでしょう。ＳＦの想像力が枯渇しつつあるいま、新しい可能性の提示が求められています。

エコシステムをゼロから構築できる、介護の伸びしろ

２０１８年にとあるイベント[※60]に登壇した際、千葉県でサービス付き高齢者向け住宅「銀《ぎん》木《もく》犀《せい》」を運営しており、ＶＲ認知症体験を主催している下《しも》河《が》原《わら》忠《ただ》通《みち》さんが、介護の目指すべき姿として「介護を必要としない高齢者が増えていき、認知症があってもまったく問題ないという社会的心理関係がある」ことを挙げていました。

誰もが安心できるテクノロジーによって下支えされた強固な介護のエコシステムの実現がどこまで可能か、ゼロイチの議論をそろそろ本気で始める必要があるのです。

※60　２０１８年３月27日、千葉県柏市のサービス付き高齢者向け住宅で行なわれたイベント「シンギュラリティ時代の介護と多様性」。

少子高齢化というピンチを国民が認知しており、漠然とした改革の必要性も共有しています。大幅なテクノロジー介入に対する抵抗が少ないいまこそ、エコシステムの再構築が可能だと思っています。

介護現場の労働力の減少やそれらのサービスを受ける高齢者の増加に対して、本質的な解決策はテクノロジーによる介護職たちの労働の補助・代替と、介護を受けている高齢者の身体の補完・拡張にあると考えています。少子高齢化対策としての労働の補助・代替のみならず、第1章で紹介したインクルーシブな社会をデザインするために必要な身体の補完・拡張の実験もできるのです。

介護は、社会をアップデートするための先駆的な取り組みを、実際にお金を落とすテストケースとして現場で行うことができる環境です。また、社会問題の解決に奔走することで自然に市場が開拓されるのは、これからの時代のイノベーションの先進事例となり得るのではないでしょうか。

とはいえ、僕が介護業界に着目しているのは、経済的な目的がすべてではありません。良質な土壌があれば良質な森ができるように、土壌となるエコシステムが良質であれば、テクノロジーやサイエンス、コミュニティも良質なものになるのです。

介護のエコシステムが注目されるべき理由は、以下の5つにあると思っています。

①成長産業であること（金銭的な成長のみならず）
②導入されるべき人的コストが高いこと
③明確に困難があること
④ローカルコミュニティに困難があることを理解されていること

⑤ソーシャルグッドにつながること

ただし、このエコシステムを、現在の市場の論理の延長だけで構築することは難しいでしょう。介護のように、現状の給与水準が適正値よりも低い領域においては、ロボットやAIといったテクノロジーを導入することよりも、引き続き人に頼ったほうがコストが抑えられてしまうからです。こうした産業では、市場のロジックだけに任せていても、テクノロジーの導入は進みません。給与水準を適正に近づける努力が大切ですし、同時にESG投資やSDGsなど、従来の市場のロジックとは異なる、ソーシャルグッド的なアプローチによる資金の確保と投入が必要であると考えています。つまり、いまの働く人々の努力に報いたうえで、新しい「成長」を定義していくことが、求められているのです。

第4章

人にとって優しいテクノロジーとは？

――求められる「ハッカブル」

2018年4月に行われた「耳で聴かない音楽会」の様子。

第4章のポイント

介護の現場でのテクノロジー実装。とても便利なテクノロジーですが、それを広めていくのは容易ではありません。技術を使って商品・サービスを開発する現場にいながら、定期的に介護施設や障がい者施設を訪れる僕も、現場で受け入れてもらう難しさを実感してきました。そのような現場で僕が改めて学んだことは、テクノロジーは、あくまで補佐役に過ぎず、主役は介護される人と、その人を支える人だということです。そして、人の能力は高く、たいていの場合は人の自助努力で解決されてしまい、テクノロジーが不要になってしまうことが多いことも学びました。

どのような商品・サービスが社会に受け入れられたか。つぶさに観察すると、過剰な機能ではなく、利用者やその周りの人を「少し楽にする」シンプルなもの

人の手による介助が求められにくい領域

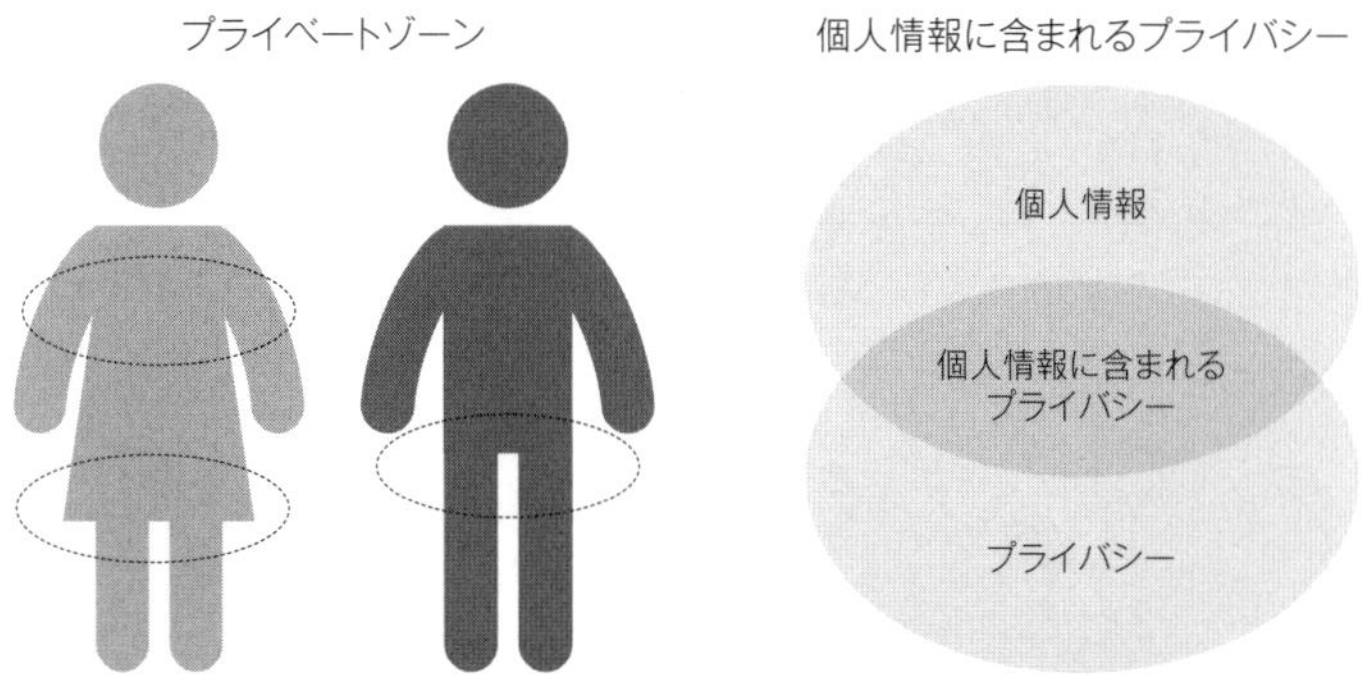

（参考）一般社団法人個人情報保護士会のHP
（例）·既往歴を利用した生活支援
·排泄物を利用した健康診断
·遺伝情報を利用した疾病予防

であることに気づけます。

また、人の手による介護を望む人も、トイレの後に、お尻を他人に拭かれるのを望む人は多くありません。自分がもしその立場ならば、温水洗浄便座で綺麗にしてもらうほうを選ぶ人が多いのではないでしょうか。プライベートゾーンや個人情報に含まれるプライバシーを扱う領域では、人の手よりもテクノロジーの介助を求める人は少なくないでしょう。

ここには、社会に商品・サービスを普及するヒントが詰まっている気がします。

この第4章では、実際に身体機能や情緒的ケアを補完するテクノロジーを開発していくうえで、踏まえるべきポイントをともに考えていきましょう。僕が一人の研究者として、日々現場で試行錯誤を繰り返す中で見えてきたポイントを、余すところなくシェアしたいと思っています。

「自分はエンジニアではないから関係ない」「介護業界で働いていない自分には縁のない話だ」と思われる方もいらっしゃるかもしれません。しかし、後述するように、こと介護においては、エンジニアや介護従事者のみならず、個々のユーザーも「開発者」になることが必要だと僕は考えています。それに、いまは介護とかかわっていなくても、人生のどこかのフェーズで、ご自身や周りの方の介護にかかわることは避けられないでしょう。ですから、この章の内容は、あらゆる読者の方に伝えたい内容です。

使われないテクノロジーにならないためには

現場で愛されるテクノロジー開発において必須となる観点は、そのテクノロジーが「ユーザーにとって使いやすいかどうか」であることはいうまでもありません。

では、使いやすいテクノロジーとは何か。僕は導入時に余計なタスク（作業）を増やさないことが、使いやすさの条件を満たすために絶対必要だと思っています。

介護現場において、最新デバイスを導入したにもかかわらず活用されない、ただの無意味な置き物になってしまった——そんなケースをよく耳にします。

たとえば、多くの介護現場では、寝たきりの利用者でも入浴ができるよう、入浴リフトが導入されています。しかし、このテクノロジーはあまり現場で活用されていません。[※61] というのも、機器を操作する人と要介護者の身体を支える人の両方が必要であったり、装着などで手間がかえって増えてしまったりと、このテクノロジーが介助者の作業を効率化するかといえば、必ずしもそうとはいえないからです。

こういった事態に陥ってしまう場合の多くは、テクノロジーに付随する機能が過剰で、設定が複雑になり過ぎており、介護職や利用者にとって使いづらくなっていることが原因です。余計な機能をつけてユーザーのタスクを増やすのではなく、従来の業務をよりスムーズにすることこそが、現場で受け入れられるテクノロジーの要諦です。

「介護の世界で何がしたいのか？」——そう聞かれたとき、僕は必ず「介護を自

※61 ★岩切一幸ら（独立行政法人労働安全衛生総合研究所）の2014年1月から3月に行った調査によれば、リフトを時々・しばしば・必ず使用する者は移乗時に10・8％、入浴時に38・7％。一方、人力で要介護者を時々・しばしば・必ず持ち上げる者は移乗時に96・7％と入浴時に92・3％だという。

動化するのではなく、介護を〝補助〟するためのテクノロジーを研究したいと思っている」と答えてきました。つまり、「現場で介護をしている人の労働をいかに減らすか」に焦点を当てた考え方をしており、そのＨＯＷ　ＴＯとして最適なのがＡＩやロボットなどのテクノロジーだと考えているのです。

実際、世の中で最も受け入れられてきたテクノロジーは、人間の日常的な作業を「少し楽にするもの」でした。たとえば、ガス炊飯器に取って代わっていった、電気炊飯器。火を使わずに米が炊け、また保温機能もついている点が「少しの便利さ」を生み出したのです。現在、電気炊飯器はどこの家庭でも当たり前に受け入れられ、広く普及しています。

取りも直さず、電気炊飯器はもともと行われてきた「お米を炊く」という行為を簡単にするためのものだったからです。普段の業務を「少し楽にする」テクノロジーは確実に受け入れてもらいやすいため、外堀からそういったテクノロジー開発を進めて現場に導入していくことで、小さな変化を徐々に起こしていくべきだと思っています。

まずはシンプルに問題解決するテクノロジーを

介護におけるテクノロジーの活用を浸透させるため、現在僕が取り組んでいるのは、わかりやすくてシンプルな問題解決です。

動きにくい人が動けるようになったり、見えなかった人が見えるようになったり、聞こえなかった人が聞こえるようになったり……。誰の目から見ても効果がある、身体機能の補助を行うシステムに代表されるテクノロジー群です。

テクノロジーに対する人々の抵抗感を排除するため、先述の「少し楽にする」アプローチと同時に、確実にニーズがあり、画《え》としても効果がわかりやすいものから導入する必要があると感じています。

たとえば、ゴミ捨てや洗濯物の回収など、確実な労力削減に直結し、かつロボットだけで完結できる、リスクが少ないプロセスから、テクノロジーの導入を進めていくべきです。介護の現場ではこのように、シンプルにメリットを説明できるテクノロジーの開発が一丁目一番地だと感じています。

インターフェイスはあえて「ファミコン」風

多くの人々に受け入れてもらいやすいテクノロジーの特徴の一つに、自分が長い期間親しんできたものとの類似点があることが挙げられます。

僕はデバイスの内部構造が複雑であっても、実際にユーザーが操作する部分であるユーザーインターフェイス（ＵＩ）には慣れ親しんだ仕様や方法を導入すべきだと考えています。たとえば、スマートフォンよりもむしろファミコンのコントローラーや、テレビやエアコンのリモコン、先ほど挙げたアーケード・ゲームのスティックやボタンのような操作方法のほうが親和性が高いかもしれません。

いずれにせよ、その人らしい生活を送るために、違和感のないUIを開発することは、テクノロジーを開発することそのものと同じくらい、重要度の高い課題なのです。とくに、デジタルデバイド[※62]の問題が、サービスのデジタルトランスフォーメーション（DX）[※63]では重要な課題でしょう。

求められる「ハッカブル」なテクノロジーとは？

これまでは、ハードウェアを用いて個々人の多様性に対応してきました。たとえば、視力の弱い人にはメガネの購入を薦めたり、下肢が不自由な人には車いすを提供したり……。規定のプロダクトを拡充させることで、身体的不自由を解消

※62　ITを利用したり使いこなしたりする人と、そうでない人の間に生じる、貧富・機会・社会的地位などの格差のこと。
※63　デジタル技術による生活やビジネスの変革のこと。

してきたのです。

しかし、個々人に最適化された身体拡張が求められるこれからの時代においては、身体の多様性に対応するものづくりのやり方が求められています。

そうした展望がある中、僕は「Ｈａｃｋ‐ａｂｌｅ《ハッカブル》」なデバイスがこれから求められていくのではないかと思っています。ハッカブルとは「改変改造可能」を意味し、「ユーザーがデバイスを自分の好みの形態に変化させられる性質のこと」を指します。

聞き慣れない言葉かもしれませんが、難しい概念ではありません。たとえば先述した電気炊飯器の場合、お米を炊く以外にもポトフやチャーシュー、あるいはカレーを調理できます。ユーザーが好きなように料理の用途を選べる点でハッカブルな家電といえます。

ユーザーが自らの手で、プロダクトを最適化できる仕組みを用意することができれば、ハードウェアをいちいち生産するのに比べ、コストをかけずに生産性を向上させることができるかもしれません。

加えて、ユーザーそれぞれのニーズに合わせられる多様性を担保することにもつながります。3Dプリンターなどの多様な生産方式で個々人に最適化された身体拡張は、一人ひとりが障がいに対応し、情報処理技術でチューニングをすることでしか補うことはできません。障がいや病気の症状は一人ひとり違っており、痛みや不満など各々のユーザーが取り除きたいことに対応したプロダクトを大量生産することは、採算が合わず実現困難だからです。

ハッカブルなテクノロジーを浸透させていくためには、エンジニアのサポートを含むテクノロジー導入がしやすいエコシステムの構築を進めていかなければなりません。いまの日本では、使用の際に少しでも危険を伴うと判断された場合、一般市場に流通しないケースが往々にしてあります。しかし、僕はユーザーが使いたいというならば、もちろん最大限のリスク管理を施したうえで、ある程度は自由度を持たせるべきだと考えています。

ユーザー自身がシステムを作れるように

プロダクトの開発を進めていくうえで重要なのは、自分たちの開発するテクノロジーが、「果たしてどれだけの人に求められているのか」を理解することです。

莫大な開発コストをかけても、ニーズを抱えている人が１０００万人に１人しかいないのであれば、ビジネスとしては費用対効果が悪いといわざるを得ません。そのテクノロジーによって救える潜在的な人が何人いるのか、ニーズのスケールに合った方法で開発を進めていくことが重要です。

とはいえ、患者が少数であれば研究開発へ注力しなくてもいいかといえば、もちろんそうではありません。どれほど患者が少数であっても、その少数の人たちの生活に欠かせない重要なテクノロジーであることに変わりはないからです。

患者が少数である場合はとくに、アプリなどをうまく使い、限界費用※64を下げるアプローチの工夫は必要でしょう。

費用対効果のスケールに合ったアプローチの一つとして、僕が面白い方策と思っているのは、「ユーザー自身にデバイスや補助具を作ってもらう」というやり方です。

ハッカブルにも近い考え方ですが、企業や行政が、ソフトウェア開発のプラットフォーム「GitHub《ギットハブ》」※65のようなプラットフォーム上に素材や情報を公開し、

※64　経済学で使われる用語で、生産量を一つ増やした際に、費用がどれだけ増えるかを考えた際の費用のこと。たとえばケーキ屋さんが新たなケーキを開発した場合、それを一つ増産する際にかかる費用は、増えた分の原材料と、調理するパティシエの人権費などだが、レシピを開発した研究費はかからない。

※65　★2008年に

ユーザーはそれを用いて自分が欲しいデバイスを作れるようになるかもしれません。つまり、用意しておくのは材料だけで、調理はユーザー自身が行うかたちにするということです。

このようなアプローチは世界各国で行われており、日本でもファブラボ品川の林園子さんが日常補助具の3Dプリンティングの研究と実践に取り組んでいます。※66

介護現場に足を運んで見えてきた「テレビ」の問題

実際に使う場面をイメージできるようになるためにも、現場を訪れ、課題を発見することが大事です。僕がコロナ禍前に現場へ訪れて初めて発見できた課題はいくつもあります。その中の一つが、高齢者施設に設置されているテレビです。

高齢者施設の運営において大切なのは、利用者が健康で文化的な生活を送ると

設立。本社は米国カリフォルニア州サンフランシスコ市。2015年6月には、米GitHubの日本支社としてギットハブ・ジャパンが設立。2700万人もの開発者に利用されている。GitHub上で、エンジニア各々が公開用のプログラムをアップして自分以外のエンジニアに共有。その後、履歴を残しながら更新したり、自分以外のエンジニアも修正を加えることが可能。

※66 ★ファブラボ品川では3Dプリンタでつくる自助具プラットフォームを同施設のホームページ内で公開しており、無料で3Dデータをダウンロードして自助具の作製が可能となっている。

ともに、現場が混乱しないよう介護職のリソースを適切に配分すること。その点においてテレビは、番組を流しておけば利用者がテレビに集中してくれるので、介護職のリソースを突発的な利用者の要求に使うことなく配分しやすくなります。

このように、一見すると、テレビには介護現場のリソースを安定させる効果があるように思えます。しかし調査を進める中で、テレビの前から動かなくなることで、コミュニケーションの機会が失われ、利用者の健康度、幸福度が低下しているようにも見えました。なお、イギリスでは、長時間テレビを見る年配の人は、言葉を記憶する力が低下するという研究結果も出ています。[※67]

こうした課題は介護職の方でも認識できていないことが多いようでした。ですから、実際に足を運び、客観的な視点で現場を眺めることは非常に重要です。

現場を眺める中で、介護職同士のコミュニケーションや、施設のマネジメント

※67 ★「テレビ見過ぎの年配者、記憶力低下　刺激がストレスに？」朝日新聞デジタル　2019年3月6日11時46分配信記事参考。

の問題点も発見することができました。

基本的に介護の仕事は、均質なサービスを提供するものではなく、職員が利用者一人ひとりと密にコミュニケーションを重ねながら、個人に合わせてケアマネジメントを行うもの。そのため、介護職一人ひとりのアドリブ力が要求されます。ある意味、総合職的な職業といえるでしょう。

しかし、現場の経営やケアの指示は、トップダウン方式で進行することが多いのも実情です。そのため、利用者のことを一番知っているはずの職員が、ケアの展開方法を改善していく主体性を発揮する機会が少ないジレンマがありました。

介護職と利用者の間で忌憚のないコミュニケーションをとればいいのに、わざわざ現場の最前線にいない経営者が介在してしまうことも多い。それにより、ケアのＰＤＣＡサイクルの効率が上がらず、介護職のやりがいも生まれにくい構造が生じているケースも散見されます。

ロボット越しに講演して気づいた、被介護者のストレス

僕は、一般的に「健常者」と呼ばれる身体機能を持っています。でも、介護の障がい者の課題解決策を模索するうえでは、同じ目線に立ち、当事者と似通った体験をすることも重要です。

以前、とあるイベントにおいて、期せずして自分の身を第三者に委ねる不自由さを体感したことがありました。

国内のある講演会にて、移動ロボットに設置された画面越しに、リモートで講演を行った際のことです。この時、僕自身はサンフランシスコにいたのですが、「話すだけなら大丈夫かな」と思い、そのロボットを講演会の会場に持っていっても

らいました。

しかし、ロボット越しに講演をすると、カメラがあって会場は見えるのですが、少し横を向いたり、目線を遠くにやったりといった、ちょっとした動きが制限されることを実感しました。そして、話しているとき、「もし講演会に設置したロボットが倒れても、僕の意志だけでは起き上がることすらできない、自分の行動一つひとつが誰かの補助なしには成り立たない」という状況に自分が置かれていることを実感する経験がありました。

非常に大きな心理的負担を感じたのですが、そのときに、これは身体を自分で動かすことができずに車いすを利用する人も、同じ気持ちを抱いているのではないかと気づきました。少しの段差があるおかげで自分の行きたいところに行けない。もう少し早く動きたいのに押してくれる人のスピードが微妙にゆっくりであることにストレスを感じる。自分がロボット越しに講演したことで、多くの車いすユーザーが、生活の中でこのような場面を幾度となく経験していることに思いを馳せることができました。

こうしたリアルな体験で不自由さを知ったことは、同時に、支援研究をするうえでの新たな視座をもたらしてくれる、いいきっかけになったと思っています。

第2章で紹介した「耳で聴かない音楽会」を開催する際にも、ろう者の目線に立つため、耳栓をしてデバイスと向き合ったことがあります。実際に聴覚を失ってみると「視覚」と「触覚」が研ぎ澄まされ、どこに設置すれば振動で音を感じやすいのか、しっかりと効果検証することができました。

このように、やってみないとわからないことを体験し、使う人の気持ちを実感していくことが、プロダクトを生み出すための研究やプロジェクトの発案につながっていきます。

介護テクノロジーの開発プラットフォームはどこにあるのか？

新たなテクノロジーを社会実装していく際には、低リスクかつ高速で改善サイクルを回していくための場所も必要です。そうした場所としては、公的な側面が弱く、ある程度は民間（企業）ベースでテクノロジーが開発できる環境が望ましいでしょう。現状では、高齢者向けバリアフリー対応の賃貸住宅である「サービス付き高齢者向け住宅（「サ高住」「サ付き」と略称される）」や食事・掃除などの生活支援や見守り、介護サービスを受けられる「有料老人ホーム」などがそれに当てはまります。もちろん、多様性を実現するテクノロジーを開発するプラットフォームとして「ベストな環境」とまではいえませんが、ここではサービス付き高齢者向け住宅を一例として、民間ベースの場所のポテンシャルを説明しましょう。

サ高住は、72・2%が株式会社、有限会社による運営で[※68]、2011年、「高齢者の居住の安定確保に関する法律（高齢者住まい法）」の改正によって創設されました。マンションのような独立した生活空間で暮らしながら、必要に応じて介護や食事提供など、個人のライフスタイルに合ったサポートをカスタマイズできるのが特徴です。

現在、国も介護現場のテクノロジー導入を推進しようとしています。しかし、特別養護老人ホームなどの介護保険施設で新しいテクノロジーを導入するには、保険制度の改定や法整備など、国の体制が整っていないことが多く、実装が遅れる傾向があります。これからの時代、政府がトップダウンで多様性を担保するだけでなく、「いい商品を、欲しい人が買う」というシンプルなビジネスのロジックも必要なのではないかと考えています。その点においてサ高住は現場のニーズに合致すれば、新たなテクノロジーの導入を柔軟に行うことができ、これまでできなかった実験的なテクノロジーの導入へのハードルも低いといえます。

※68 ★一般社団法人・高齢者住宅協会の資料「サービス付き高齢者向け住宅の現状と分析」（2021年8月）参考。

サ高住のような場所で、テクノロジーを導入してもらうには、利用者と介護職へのメリットに加え、導入コストを天秤にかけて「必要だ」と判断してもらう必要があります。民間企業のビジネスですから、いくらテクノロジーが素晴らしくても、導入にかかる費用が大きければ、実装につなげることができません。つまり、これまで介護産業にはあまり発生してこなかった、ビジネス的な競争原理が生まれるのです。

サ高住のような民間ベースの場所がテクノロジーの実験場になることで、介護テクノロジーを開発する民間企業の開発競争が始まります。

今後は、民間ベースの場所で成功したデバイス開発の事業者が、先進事例を引っさげ、公営施設などへも安価に横展開していくことも考えられるでしょう。本書の第3章でも解説しましたが、現在、介護領域は9・7兆円もの市場規模があり、魅力的な市場でもあります。[※69] こうした公的な側面が弱く、サービス面でのクオリティの競争が高まれば、高品質サービスが生み出されていき、どんどんと業界が盛り上がっていく可能性があります。

求められる「ロビイスト」の存在

ここまで述べてきたように、支援の現場ではすでにさまざまなテクノロジーが生み出され、実装するための環境も、少しずつ構築され始めています。

僕は、新しいテクノロジーを実装するために、以下の3つのステップを経る必要があると考えています。

①PoC[※70]を作成する
②特例化して、試験的に社会に導入する

※69 ★保険給付関係の平成28年度累計の総数は、費用額（居住サービス4兆9429億円、地域密着型サービス1兆5290億円、施設サービス3兆1893億円の合計額）9兆6611億円（利用者負担を除いた給付費8兆6717億円）となっている。

※70 「Proof of Concept」の略で、「概念実証」とも訳される。

③フィードバックをもとにプロダクトの改良を進めつつ、インフラを整備する

現在、新しいテクノロジーの社会実装が進んでいない背景には、法整備が進んでおらず、明確な安全性の基準がないこともあると考えています。いまの介護業界には、現場の実情を知り、法整備を推進していくために、政治家や役人といった関係各位にロビー活動を行う「ロビイスト」が課題の大きさに対して少ない状況に見えます。

今後、介護をテクノロジーによってアップデートさせるには、現場と政策の間を繋ぐロビイストの存在は必要不可欠です。ロビイストが機器の安全性や利便性を訴え、政策に影響を与えるよう働きかけることで、技術的なアップデートを社会に生み出すことが可能になると考えています。

第4章で詳しく書いてきた開発にあたっての方法論に加え、こうした社会的ア

そのプロジェクトが実現可能か、効果、効用、技術的観点から検証する行程を指す。

プローチも並行して進めていくことが、介護テクノロジーの社会実装には不可欠なのです。

第5章

誰もがクリエイションできる未来へ
——勃興する「テクノ民藝」

第５章のポイント

介護現場への新しい技術的介入は、そこで働く人の役割、また社会全体をも、大きく変える可能性があります。

省人化・自動化技術が導入されることに伴い、介護の役割は、身体や情緒のケアから、介護される人の幸福を実現するトータルコーディネーターへと変わっていくのではないか。また、テクノロジーが介護現場を超えて広がれば、社会のケアインフラ整備が進み、各々が求めるサービスに応える環境になるのではないか。僕はそういう展望を描いています。

こうした展望を描く背景にはＩｏＴ中心の発達した技術が、オフィスワークの支援をしたのち、外周に広がり、人々の生活をより豊かにしていることがありま

IoT中心からIoT外周へ

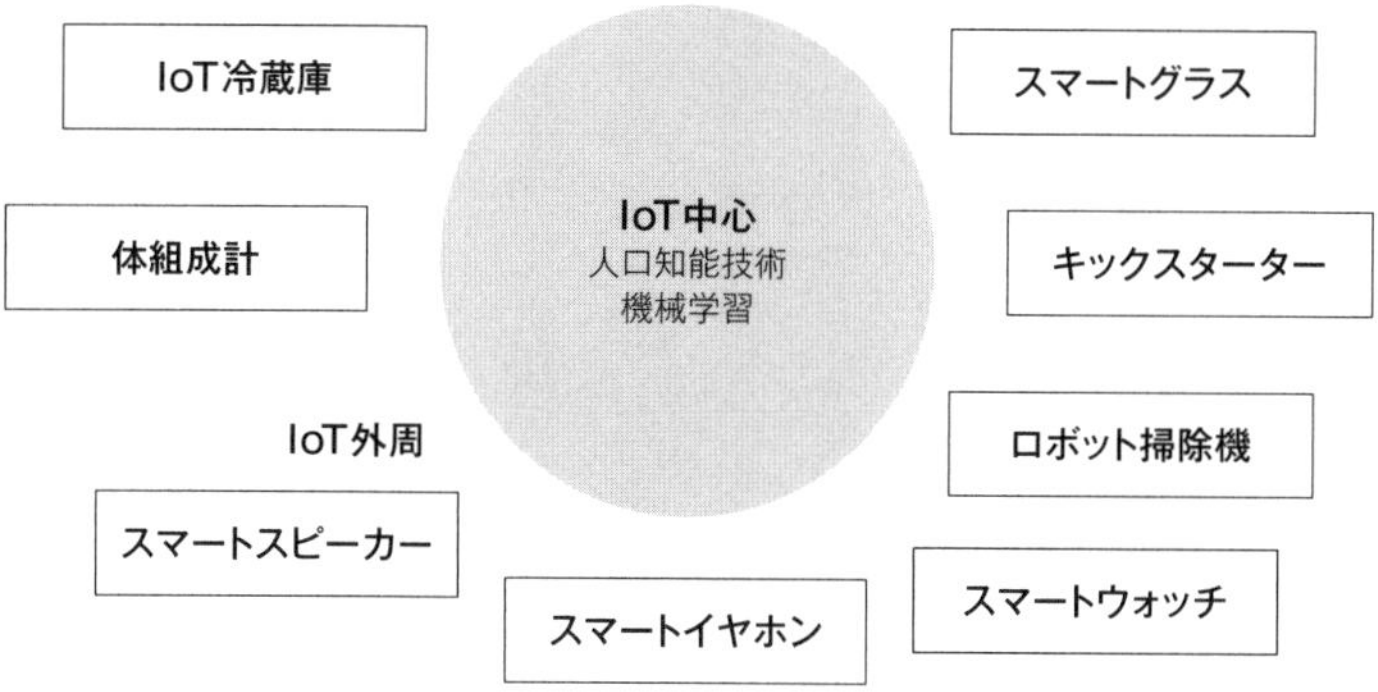

す。そして、これからのテクノロジーは、決して技術者だけのものであってはなりません。使う現場それぞれで調整・適合・改造したり、自分たちで簡単に開発できたりする、比喩的にいえば「民藝」[※71]のようなテクノロジーが求められています。そんな〝人の顔を持った〟テクノロジーはコミュニティの一員であるという認識を取り戻すきっかけにもなると考えます。

介護業界を超えた先にある、「未来予想図」を共有いただければと思います。

※71 ★日本民藝協会「民藝とは何か」参考。

第5章では、第4章までの「現在」の話をもとに、「未来」の話をメインで書いていこうと思います。

「老い」がコントロール可能なものとなっていった未来に、「介護」はいかなる役割を果たすことになるのでしょうか？　身体的機能の補完や情緒的ケアがテクノロジーによって支援できるようになった未来、介護職に求められるのは「トータルコーディネート」だと考えています。本章で述べますが、社会の〝ケアインフラ〟整備が進んでいく中で、介護職は、そしてそれぞれの個々人は、どのように変わっていくべきなのか。デジタルネイチャー時代に求められる「テクノ民藝」というキーワードにも触れながら、僕が考える「介護の未来」を綴ります。

「テクノ民藝」の時代がやってくる

ここからは、やや抽象的にはなるのですが、そうした未来に求められる「精神性」の話をします。

僕はケアインフラに従事する人に求められる精神性は、「テクノ民藝性」だと考えています。これは僕が最近よく使っている造語です。名も無き職人の手から生み出された日常の生活道具に、美術品に負けない美しさを見出す生活文化運動である「民藝運動」をもじったものです。

以下は日本民藝協会のＨＰを参考にさせていただきます。民藝運動は、１９２６年に柳宗悦《やなぎむねよし》・河井寛次郎《かわいかんじろう》・浜田庄司《はまだしょうじ》らによって提唱されたもので、工業化が進み、大量生産の製品が少しずつ生活に浸透してきた時代に、失われていく日本各地の「手仕事」の文化を案じ、近代化＝西洋化という安易な流れに警鐘を鳴らしました。各地の風土から生まれ、生活に根ざした民藝には、用に則した「健全な美」が宿っていると、新しい「美の見方」や「美の価値観」を提示したのです。

柳宗悦は、民藝の美を「無心の美」「自然の美」「健康の美」と語りました。「エシカル」や「サステナビリティ」といった、2020年代に入った現代でも注目されている価値観とも、共通性を感じます。柳が民藝の特性として挙げている地方性や伝統性もまた然りです。これからはローカルに、それぞれの場所で創意工夫されつつ作られる「民藝」的なものが、新たな価値提供の基盤になると思われます。

本書の冒頭でも説明したように、僕の研究における中心のコンセプトは「デジタルネイチャー（計算機自然）」です。すでにそうなりつつありますが、人と機械、物質と仮想物体の区別が曖昧になり、人々にとっての新しい自然が世界を覆い尽くすようになります。

そうしたデジタルネイチャーが自明となった世界では、まるで料理や粘土遊びのように、誰もが手軽に、計算機を作ったり、改変したりできるようになります。

すると、テクノロジーによる課題解決は、いまのように一部のエンジニアがトップダウン的に行うのではなく、ローカルに、それぞれの場所で創意工夫されつつ進められるようになるでしょう。来たるべき未来のテクノロジーが帯びるであろう、この民藝に似た「地産地消のテクノロジー」としての性質を、僕は「テクノ民藝性」と呼んでいるのです。

いずれは、ＡｍａｚｏｎなどのＥＣサイトから届いた資材やツールを、手動で組み合わせたり、３Ｄプリンターなどの工作機材で別のものに作り替えたりするような営みを、誰もが行うようになる時代が来るでしょう。ウェブ上で作りたいモノのモデルやコードを探してきて、それを各々がシステムにインストールして３Ｄプリンティングする時代になるかもしれません。このような、テクノロジーを使ったある種の創作民藝ととらえられるプロダクトとその制作プロセスこそが、「テクノ民藝」なのだと僕は考えています。現にそうなりつつありますが、ものづくりは、エンジニアの専売特許ではなくなるのです。

地産地消の介護テクノロジー

「テクノ民藝」についてのイメージをより鮮明にしてもらうため、少し別の角度から、アナロジーによる説明もさせてください。デジタルネイチャーが自明となった時代において、各地で「テクノ民藝性」を帯びた地産地消のテクノロジーが開発されていく過程は、「発酵」のプロセスに似ていると思うのです。たとえば、お酒や醤油は、微生物が作物を発酵させる作用を利用して醸造されます。同じように、さまざまな限界費用の低いサービスやテクノロジーに、その土地土地に根付いたモノやサービスが掛け合わされることで、新たな魅力と価値が生み出されていく。

こうした地産地消のテクノロジーが開発されていく過程を、僕はこの社会にいま新たな発酵現象が行われているのだと見立て、「デジタル発酵」と呼んでいます。

「テクノ民藝性」を帯びたサービスが、各地で「発酵」していくこと。言い換えれば、エンジニアに限らず、必要に応じて、誰もが手軽にテクノロジーを開発していく未来。これは当然、介護業界にも大きな変化をもたらすでしょう。そして、その「変化」とは、この章でこれから詳述する「社会のケアインフラ整備」と、軌を一にすると思うのです。デジタルネイチャーが社会の隅々まで浸透していくこと、それを介護という側面から見ると、ケアインフラというかたちで現れてくるということです。

介護におけるテクノロジー活用が進んでいくと、労働集約的ではない介護サービスを開発して、収益性の高い事業として成立させることが可能になってくると思います。たとえば、全世界的に使えるわけではないローカル基準のサービスとして、スマートフォンアプリで完結する仕組みをつくり、数千人が月に500円のサブスクリプション[※72]に課金してくれれば、それだけで食べていける。そうした介護サービスを開発した人がある程度高賃金で活躍できるようになったとき、自

※72 定額料金を支払い利用するコンテンツやサービスのこと。

分たちの問題を、自分たちで解決する、自助・共助の「テクノ民藝」が現実のものとなるかもしれません。

これは個人的な感覚の話ですが、僕は一人のアーティストとして、そうしたローカルな介護サービスには、民藝的な「用の美」が宿るとも思っています。たとえば、古くからある道具だと、杖や老眼鏡、車いすには独特の「用の美」を感じます。今後は、スマートフォンを肌身離さず持っておくためのホルダーのようなものだったり、さらにはソフトウェア化されたソリューションだったりに、新たな民藝的な美が宿っていくのではないでしょうか。

これはエンジニアに限った話ではありません。あらゆる人々が、自身の必要に応じたテクノロジーを開発する時代が、やってくるのです。介護職や看護師も、まるで料理や家具の修理をするかのように、デジタルテクノロジーを操りながら、ライフコーディネートしていく時代になるということです。そうすれば、一人あたりがケアできる人数も増え、また少ない人数でも回るようになるがゆえに、給料も上がっていくでしょう。

すでに諸外国では、自動化やIoTデバイスを使った高齢化や身体的な問題の解決は、普通に行われています。たとえばオランダではセンサーで夜間の見守りをすることで、介護職一人あたり40~50人の高齢者を担当している。一方、日本では一人あたり15人の計算で、約3倍の効率差があることになります[※73]。

もちろん、あらゆる介護従事者がこういったデジタルテクノロジーを使いこなすようになる世界が到来するには、まだ十年単位の月日がかかるでしょう。しかし、地産地消の介護テクノロジー自体は、もっと近い将来に、現実のものとなっていくと思います。都会ではなく、あえて地方でシステム開発を手がける、「ローカルSIer(システムインテグレーター:システム開発にまつわる全ての業務を引き受ける企業のこと)」とも呼べる人々が増えていくのではないかと予想

※73 ★株式会社メディヴァの大石佳能子氏によれば、オランダでは、夜間の見守りは一人で50人の高齢者を担当している一方、日本では制度的な問題もあり、介護職一人が見守れるのは15人程度で、3倍の生産性の差があるという。

しています。今後ますますリモートワークが普及していくと、地方に住みながら東京など別の地域の仕事も手がけるスタイルがより一般化していくでしょう。そうした社会構造の変化を背景に、たとえば親の介護などを考えて地元にUターンしていったエンジニアたちが、地元起点の新たな介護やケアサービスのテクノロジーを開発していくのではないでしょうか。そうした地方分散型の、民藝性を獲得した介護ソリューションが、今後10年くらいの間に続々と開発されていくと予想しています。

介護の役割は「ライフコーディネート」に

では、「テクノ民藝」の時代が到来し、多くの介護従事者が地産地消のデジタルテクノロジーを使いこなすようになったとき、介護の役割はどうなるのでしょうか。第1章と第2章で論じてきたように、身体機能の補完や情緒的なケアといった、従来の介護職の方々が果たしてきた役割の多くは、近い将来テクノロジーが代替するようになるでしょう。

では、そうして「老い」がパラメータ化した時代、「介護」は不要になってしまうのでしょうか？

僕はそうは思いません。結論からいえば、介護の役割は「ライフコーディネート」になると、僕は考えています。医療とテクノロジーで大部分がカバーできるようになったとき、介護職は「コミュニティの中で共に生きる」仕事になると思うのです。

医療の発展に後押しされ、お年寄りがいまよりも長く元気に過ごせるようになる。また、デジタルツールが普及することで、必ずしも介護施設に一堂に会する必要もなくなっていくでしょう。これは、社会の中で、介護すなわち身体補完・情緒的ケアのためのインフラ、いわば「ケアインフラ」の整備が進んでいく、といえると思います。

テクノロジーの発達により、身体機能の補完や情緒的なケアのサポートを誰もが手軽にどこでも活用できるようになれば、わざわざサ高住に引っ越したり、介護施設に入居したりする必要性は薄れていくかもしれません。住み慣れた自宅で、そうしたテクノロジーを活用したサービスを利用できるようになるからです。イメージとしては、フードデリバリーサービス「Ｕｂｅｒ Ｅａｔｓ」のように、スマートフォン一つで、手軽に介護テクノロジーを利用できる世界になると僕は考えています。

「本当にそんなことが可能なのか?」と半信半疑の方もいらっしゃるでしょう。しかし、現在でもすでに、ケアインフラの整備が進んでいく動きの予兆は現れています。たとえば、ご夫婦で暮らしている方が、片方に介護が必要になった段階で、二人で一緒にサ高住に入居してしまうケースは珍しくありません。もしくは、早い段階でサ高住を契約してしまって、老後はそこに入居しようと決めているケースもあります。

このように、サ高住は「老後を過ごす特別な施設」ではなく、介護が必要になる前から、通常の住宅と同じように利用される施設へと変わりつつある。もちろん、先にも説明した通り、サ高住はあくまでも一例で、施設形態としては今後もさまざまなものが現れるでしょう。こうした変化の先には、各家庭内に当たり前のようにケアインフラが溶け込んでいる社会が訪れるのではないでしょうか。

ケアインフラ整備が進んだ社会では、身体機能の補完はテクノロジーで賄えるため、いまのように介護職の方が担う負担は少なくなります。代わりに、「この人はいまこんな身体状態だから、こんなテクノロジーが必要だろう」「この人はコミュニケーションが不足しているから、このデジタルツールを使って友達とやり取りをしたほうがいい」といったように、介護を必要としている方々が各種ツールを最大限活用し、自分らしく、幸福に生きられるようにライフコーディネートをしていく役割を求められるようになるのではないでしょうか。介護職の方々は、身体補助や情緒のケアにマンパワーを割く必要がなくなっていくぶん、より付加価値を生み出すサービスに力を注げるように技術の浸透を進めていかなくてはならないと考えています。

ただし、これは都市部に限った話であるとも思います。ある程度の人口規模があり、人口が密集している地域でないと、人とのつながりが保ちづらいですし、社会インフラを維持するコストも高くなってしまいます。人口が過疎化してしまっている地方においては、分散している人口を集約していく動きも、並行で進めていく必要があると考えています。

「根性論」をなくすために

こうして介護の役割が変わっていくことで、現在の介護職に付随してしまっているネガティブなイメージも、どんどん払拭されていくと思うのです。身体機能の補完や情緒的ケアの担い手から、幸福の実現をサポートするトータルコーディネーターへ。そうした仕事内容の変化は、介護職を「3K（きつい、汚い、危険）」「低い賃金」といったネガティブなイメージから解き放ち、新たな時代のロールモデルを生み出すきっかけになるのではないかと考えています。

現状の介護職の仕事内容は、利用者のケアだけにとどまりません。ケアの記録や日報の作成、掃除や洗濯など、事務的な業務を含むさまざまなタスクが求められます。また、人手不足の施設では、残業をしてこれらのノンコア業務を行っている現状があるのです。このように、ケアとは異なるルーチン業務に多くの時間が取られている現場は、介護従事者にとって働くうえでのモチベーションや成長意識を維持しにくい環境となってしまい、職場の満足度を下げてしまうリスクがあります。このあたりはデジタルテクノロジーの導入を含め、改善していかなくてはなりません。

介護の現場に足を運ぶ中で、僕がとくに気になっているのは、介護現場に根強く残る「根性論」。多くの介護職が「自分が頑張らなければ現場が回らないんだ」と強すぎる責任感を持っていることに敬意を感じるとともに問題も感じました。

もちろん、「最高のケアを提供しよう」と本気で取り組まれていることを否定する気はありませんし、それ自体は尊敬すべきことだと思います。しかし、「やりたくないが、私がやらなければならないからやる」と思ってしまうのは、不健全なモチベーションではないでしょうか。本来であれば、「私がやりたいからやる」とか「私がやるべきだと思うからやる」というのが健全なモチベーションのはずです。こうした不健全なモチベーションのままでは、仕事のクオリティを下げてしまいますし、いずれ精神的に病んでしまうことにつながりかねません。いずれにせよ、「やりたくないのにやらなきゃいけない」と思わせている現状は、改善する余地が多くあります。実際、テクノロジーの活用が進んでいる介護施設では、従業員のモチベーションが改善していることを示すデータもあります。リクルートキャリアが2018年8月に行った調査によると、介護職従事者で仕事に満足しているのは全体の49・5%。しかし、ITを導入している施設で働く介護従事者の満足度は、未導入施設の従事者より11・4%も高いデータが出ています。[※74] テクノロジーによって代替可能な事務やケアの記録などの間接業務が減り、本来の業務に集中できるようになったことで、介護職へのやりがいを感じている人が増えたのだと僕は見ています。

今後、デジタル化によって間接業務がどんどん代替されていき、介護職がどんどんトータルコーディネーターとしての役割を果たすようになっていけば、現場にはびこる根性論は影を潜め、ケアのクオリティを上げるためにスキルを磨くほうへと、現場の雰囲気は変化していくのではないでしょうか。

※74 ★株式会社リクルートキャリア「HELPMAN JAPAN「介護サービス業で働く人の満足度調査」」参考。

ケアサービスには適切な「ＫＰＩ設定」が必要

介護職の方々がさらなる充実感を得ながら、被介護者の幸福に寄り添っていくためには、適切な目標を設定することも重要です。具体的には、スタッフとの面談を通じ、長期的な目標に向かう意識を持てるよう、定性的な指標はもちろん、できれば定量的な数値やデータで業績を評価する指標「ＫＰＩ（重要業績評価指標）」のようなものを設定すべきでしょう。

ＫＰＩは、売り上げや商談数など、ビジネスの現場では当たり前に設定されているものです。他方、現状の介護現場に、数値的なＫＰＩが導入されているケースは多くないかもしれません。しかし、ＫＰＩは複雑な計算が必要な、難しい概念ではありません。たとえば、あるショッピングモールの売り上げを増やすために、全体の売り上げの大半を占めるメイン通りの売り上げをＫＰＩとして追う、といったイメージです。施設の利用者の方々の幸福を導き、また自分の成長を促したり、モチベーションを高めたりするために、どんな数字を追えばいいのか。そうしたシンプルな問いに、徹底的に向き合い続けることも大切です。

たとえば、介護職が現場で気づいた「気づき」をスマホに入力することで、記録として残すとともに、介護職がやっていることをチーム内で共有し、ケアのレベルの底上げを支援するアプリ・ＭＩ《ミ》ＭＯ《モ》ＴＥ《テ》がすでに使われています。こういったアプリは、介護スタッフの成長の可視化にもつながり、やりがいを感じられる面もあるようです。こういったものによる共有された数字をＫＰＩに利用する手もあるでしょう。

ケアサービスに「格好いい」イメージを付与するには

身体機能を補完し、情緒的ケアを支援するテクノロジーの導入が進み、適切な目標設定もなされ、「ライフコーディネーター」としての仕事の比重が高まっていけば、介護職は格好よく、スタイリッシュな職業として認知されていくようになると信じています。

そもそも、まだまだケアインフラ整備が進んでいない現在においても、介護は「衰えてきた身体能力を補助・拡張し、情緒的ケアも支援する最前線の仕事」だと僕は考えています。介護職は誰でもできる仕事ではなく、プロフェッショナルとしてのスキルが必要な職業でしょう。それにもかかわらず、そのことがあまり世間には認知されていません。僕は介護に従事する人々を尊敬していますし、実際に現場を眺めるなかで、介護職の方々のプロ意識の高さを数多く目の当たりにしてきました。そんな介護職を「格好いい」と思ってくれる人が一人でも増えてほしいと願っています。

さらに、介護における「スーパースター」が増えることも、僕は介護職の社会的地位を向上させるために重要だと思っています。メディアやインフルエンサーが、介護業界の情報発信を活発に行うことで、優れた介護の技術を身につけ、業界の内外から注目を集めるようなプレイヤーをもっと発見していくべきです。

歴史を振り返って考えてみましょう。茶道家の千利休《せんのりきゅう》が参考になるかもしれません。千利休は、織田信長《おだのぶなが》や豊臣秀吉《とよとみひでよし》のもとでお茶をたてて活躍しながらも、自身の美学である「侘び・寂び」の普及に努めました。

世界へ広げたい理念を持ちつつも、実際に現場でも手を動かし続けた千利休は、茶道の業界内で認められるだけでなく、外部にも凄みが伝わりやすい「スター性」を持っていたのです。

介護に置き換えてみましょう。たとえば歴代総理の看取りを行った介護職の人がいれば、それはスタープレイヤーといえます。「総理大臣を看取った」事実は大きな影響力を持つでしょうし、その人の発する言葉には重みがあります。

高齢者の中には、介護をする人との深い会話を望んでいる人が少なくありません。一方で、介護をする人が被介護者に対して、子どもに接するような話し方で接することがあります。高齢者の手を動かすために、折り紙などを一緒に折ったりしますが、そういう対応に不満を抱く高齢者もいらっしゃいます。何十年も生きてきた一人の人間として尊重されたうえで、介護者ともコミュニケーションをとりたい。そうした要望までカバーする介護業界のロールモデルが増えていけば、業界全体のイメージ向上にも寄与するのではないでしょうか。

ケアサービスのAirbnb構想

また、イメージのみならず、介護業界における人手不足の主要因の一つに挙げられるものには、給与水準の低さもあります。この状況に対する僕の見解はシンプルです。単に、介護職の給与を上げれば、ある程度の人手不足を解決できるのではないか。そう考えています。

この話を突拍子もなくすると、介護現場からは「現状では給与水準を上げることなんてできない」との声が挙がってくるかもしれません。精緻な計算をしていないので断定はできませんが、給与を上げることは、現場職員のコストパフォーマンスを考えても、可能だと考えます。

この点に関して、デジタル化による間接業務の減少は、介護職の給与問題の解決に寄与してくれるのではないでしょうか。

また、給与水準を上げるための一つのアイデアとして僕が考えているのが、「介護版Ａｉｒｂｎｂ」です。Ａｉｒｂｎｂは、旅行者と空き家・空き部屋を貸したい人とをマッチングするウェブサービスで、世界中で使用されています。これを応用して介護職と、介護を必要としている人とを直接マッチングするシステムを構築できれば、施設とスタッフをマネジメントする必要はなくなり、サービスの対価が介護職に還元されるようになると予想されます。

実際、「介護版Airbnb」はビジネスとして社会に広まりつつあります。アメリカのスタートアップが展開するサービス「Papa《パパ》」は、「Grandkids《グランドキッズ》 On《オン》-Demand《デマンド》（必要なときに孫を）」を掲げる高齢者と大学生のマッチングサービスです。※75 高齢者とのマッチングが成立した若者は、スーパーへの買い物や病院の予約、家事手伝い、スマホの設定まで、高齢者の生活をあらゆる側面からサポートします。一般の大学生と専門家の介護職という違いこそあれど、日本にもより介護に接触できるサービスの需要は存在しているのではないでしょうか。

※75 ★シニアがPapaのアプリに登録すると、Papaは同じく登録済みの大学生をシニア宅に派遣する。なお派遣される大学生はいくつものパーソナルテストを実施し、トレーニングを行って合格した者のみとなっている。

個別最適化していくケアサービス

介護現場へのテクノロジー導入が進んでいくと、「提供されるサービスが画一化され、一人ひとりの利用者の状態に応じた『きめ細かなサービス』を提供することができなくなるのでは？」と懸念を持つ人々が一定数います。そうした疑問の背景には、「ケアの均質化」と、介護の理想である「きめ細かなサービス」が両立し得ないとの思い込みがあるのでしょうが、僕はそうは考えていません。

たとえば、これまではベテラン介護職が、被介護者のわずかな言動を察することでしかできなかったきめ細かなサービスがありました。しかし、第2章で紹介した見守り技術を用いることで、新人であってもベテラン介護職さながらに、利用者の機微《きび》を見抜き、ケアに活かすことができるようになるかもしれません。つまり、技術の発達にともない、スキルは民主化し、ケアの均質化ときめ細かなサービスは両立するのです。

それに、僕はケアの均質化を進めても、きめ細かいサービスが完全に消えてしまうことはないと考えています。人間の「おもてなし」を当たり前に享受できる時代は終わり、「人間味のある」質の高いケアに価値を感じる人が金銭を支払うサービスと、必要最低限のケアだが金銭の支払いは少なくなるサービスの選択肢が用意されている状態になるのではないでしょうか。

もちろん、「お金がない人は高クオリティのケアを受けられない」という意味ではありません。そうではなく、大前提としてローエンドであっても、十分に尊厳や幸福を維持できるクオリティに高めたうえで、後は経済状況や嗜好性に応じて選べばいい、ということです。

そもそも私たちは目的に応じて、常に場所を選びながら生活しています。たとえば、雰囲気のいいバーと大衆居酒屋はともにお酒を飲む場所ですが、「その場に対して何を求めているか」によって、場所を決めています。リラックスした雰囲気であったり、バーテンダーとのコミュニケーションを欲したりするときはバーに足を運ぶのかもしれません。一方、安さや速さを求めるのなら大衆居酒屋を選ぶでしょう。飲食店の場合であれば、高級料亭のようなお店のみならず、同時にフランチャイズのチェーン店も数多くあるからこそ、消費者は好きなものを安価で食べられるわけです。両方の選択肢があるからこそ、私たちは自分のニーズに合ったほうを選択できるのです。介護と飲食では違いはありますが、そう考えると多様な価値を尊重できると考えます。

このような自分のニーズに合ったサービスへ適切な価値を支払うことは、ケアにおいても適用されていくでしょう。とくに高齢者の場合、「孫に資産を残したい」とか「ケアに質の高さを求めるのか、必要最低限の衣食住の支援さえあればいいのか」など、ケアに対する要求は多様です。ニーズに合わせて介護施設を自由に選べたほうが、ケアに対する満足度も上がります。

こうした介護施設のあり方は「ビジネスライクだ」と批判を受けるかもしれません。しかし、高齢者にとって「どのようなケアが受けられるか」が事前に保障されている介護施設は安心ですし、スタッフも過度なケアをしなくて済むので、お互いにとって「WIN－WIN」な状態になるのではないでしょうか。今後、介護の個別最適化が進めばどうなるか。どんなニーズを持った人にケアをするのか。あるいは設備やおもてなし、何に対して多くのコストを割くのか。各介護施設ごとに、ますます独自の明確な戦略が求められるかもしれません。

介護施設の多様性も高まっていく

多様化したニーズに対応していくためには、そのニーズをフレキシブルに実現していく技術開発が必要不可欠です。どこにコストをかけて、どこに新技術を導入するかの違いは、施設ごとの多様性につながっていきます。一部の施設では、第4章で論じたような「ハッカブル」なテクノロジーを導入していくことで、ある程度コストを押さえていくやり方も実現可能ではないかと思っています。

デジタル化や新技術投入によって引き起こされる大きな変化の一つに、介護施設の無駄がなくなることが挙げられるでしょう。すでに存在する高価格帯の介護施設では、利用者にとっての利便性が考慮されていない、施設の過度な装飾やラグジュアリーさが見られるケースがあります。もちろん、このような施設の豪華さを求める利用者は一定数いることでしょう。しかし、このような施設の多くは、「同じコストをかけるのであれば、装飾ではなく手すりをはじめ、生活に直結する機能性の面にコストをかけてほしい」と感じる利用者の声が高速にフィードバックされていくことで減少していくのではないでしょうか。もちろん、「設備の絢爛《けんらん》さ」を売りにした高齢者施設がなくなること自体はないと思いますが、今後は顧客評価が細分化されていくとともに、利用者の細かいニーズを満たした介護施設の多様化が進んでいくでしょう。

介護施設の豊かさが多様になれば、評価の基準も適切なものに変わっていき、その評価を受けて、設備も適切なかたちに変わっていくでしょう。

コロナ禍で失われた「祝祭性」

こうして各地で「テクノ民藝」的な動きが起こり、介護が個別最適化していくことは、コロナ禍で失われてしまった「祝祭性」を社会に取り戻すうえでも、大きな意味を持っていると考えています。

コロナ禍において、社会から多くのものが失われましたが、その最たるものの一つが「祝祭」でしょう。祝祭とは、入学式や卒業式など、コミュニティを維持するために、その一員として認められるためのイベントとして僕は定義しています。たとえば、オリンピックであれば、〝日本人〟や〝世界市民〟といった一体感を維持するための祝祭の装置として機能しているわけです。

コロナ禍における社会構造の変化は、社会から多くの祝祭を失わせました。身近なところでは、学校行事や冠婚葬祭の中止を余儀なくされた方も少なくないでしょう。大きなところでは、オリンピック・パラリンピックの延期がありました。コロナ禍で祝祭が失われてしまったのは、感染防止のため、身体接触の機会が忌避されたからだと考えています。リモートで飲み会を開いてみても、身体性がないから〝祝祭性〟や〝共時性〟が足りない。わざわざ脳の回転速度を遅くするためにアルコールを摂取していた「飲み会」を、視聴覚のみで代替しようとした点に限界がありました。空間を共有し、身体を使って大声で話すという営みの価値は、画面越しでは得づらいものです。ライブをオンライン配信するアーティストも増えましたが、現場で起きていることをそのまま中継しているだけだと、尺が間延びしてしまい、観るのがしんどくなってしまうと感じます。

祝祭がなくなると、社会に対する帰属意識やお互いにとっての共通基盤、コミュニティに属しているという感覚がなくなります。[※76] するとマナーが悪くなったり、思いやりがなくなったりと、ネガティブな変化が起こってしまうのではないでしょうか。

「祝祭性」を回復するための試み

2020年以降、感染を回避しながら祝祭性を取り戻していくために、さまざまな試みがなされています。共時性を保つために「いつでも見られる」ようにはしない、ソーシャルディスタンスを保ちながらイベントを開催する、ちょっとしたコミュニケーション時間の回数を重ねる……。新しいかたちの祝祭を取り戻すことは、2020年代を生きる人類に課せられた使命だといえるでしょう。

※76 ★祭りを研究していた元立教大学教授の松平誠氏は、「祝祭」を「日常世界の反転、それからの脱却と変身によって、日常的な現実を客観化・対象化し、それによって感性の世界を復活させ、社会的な共感を生み出す共同行為」と定義し、1930年代まで、伝統型の都市では「神社祭礼に依拠して生活共同の認知がはかられ、そこに共同帰属原理が求められてきた」と指摘している。

僕自身も２０２０年10月、日本フィルハーモニー交響楽団の皆さんと「双生する音楽会」というイベントを開きました。演奏者の動きにデジタルアートの映像が呼応し、聴覚と視覚が協奏する作品を、リアルとオンラインで提供するという内容です。制作過程をつぶさに発信・共有する試みもなされました。こうして制作者の思考過程をつまびらかにすることで、心理的な距離感を縮めようという働きかけです。オンライン観賞を劇場観賞の単なる代替手段とせず、オンラインにしかできない新しい鑑賞体験を創り上げたというわけです。続く２０２１年８月には、同じく日本フィルハーモニー交響楽団の皆さんと「醸化する音楽会」を開催。こちらもリアルとオンラインの両方で楽しめるスタイルを採用しました。「五感、解禁。」をコンセプトに掲げ、「味覚」と「嗅覚」も取り入れた、まったく新しい音楽体験の共有を試みました。このような試行錯誤が、オンライン上で祝祭性を取り戻していくための、一つのヒントになるといいなと考えています。

いまの社会は、身体間に仕切りが不可欠な「グリッド型」となりつつあります。

時間空間が格子型に区切られ、個々の区切りの中に多人数は入れません。これは、感染対策の観点で、飲食店で隣の席の間にガラスの仕切りが置かれている状況を思い浮かべてもらえれば、イメージしやすいでしょう。つまり、アナログのグリッドはオープンでまばらになりつつあるのです。対して、デジタルテクノロジーを使えば多人数が集えます。デジタルテクノロジーは、時間空間を「密」に共有可能なのです。この対照的な二つのグリッドをどう掛け合わせるかが、新たな祝祭空間を創出するうえでの課題となるでしょう。

身の丈に合った「テクノ民藝」が、「祝祭性」を取り戻させる

こうした祝祭性の回復のための有力な方法の中でも、僕が重要だと考えているのが、「テクノ民藝」なのです。その理由を説明するため、少し先人の知恵に立ち返ることにしましょう。

時は1970年代までさかのぼります。1970年代は、科学技術の急速な発展に対する違和感が、各所で表明されていた時代でもあります。経済学者のエルンスト・フリードリッヒ・シューマッハーは、1973年に『スモール イズ ビューティフル』という本を刊行しました。シューマッハーは、同書の中で「技術というものは、人間が作ったものなのに、独自の法則と原理で発展していく。そして、この法則と原理が人間を含む生物界の原理、法則と非常に違うのである」と指摘しています。生活を便利にするために作り出したはずのテクノロジーに、作り手である人間が苦しめられてしまうことを、憂慮しているのです。そうした状況を脱するために、シューマッハーは「人間の顔を持った技術」を開発することの必要性を説きます。技術発展そのものを目的とせず、人間の身の丈に合ったテクノロジーを開発していくべきだということです。

シューマッハーと同時期に、身の丈に合ったテクノロジーの重要性を説き、技術発展に警鐘を鳴らしていた人物が、オーストリアの哲学者イヴァン・イリイチです。1973年、イリイチは『コンヴィヴィアリティのための道具』という著書において、自立共生性が一定水準以下になった社会では、生産性も打撃を受けると語りました。自立共生性とは、イリイチの表現を借りれば「暮らしを可能にしてくれる物を作り出す自由、それに自分の好みにしたがって形を与える自由、他人をかまったり世話したりするのにそれを用いる自由」のこと。比喩的にいえば、買い食いするのではなく、材料を買って、調理することともいえるでしょう。※77

こうした議論は、1970年代以降もなくなったわけではありません。たとえば、1995年。ユビキタス・コンピューティングの父ともいわれる技術者マーク・ワイザーは、電気のスイッチのように生活に溶け込み、人が無意識的に活用できるテクノロジー、あるいはそれらが存在する環境を指し示す「カーム・テクノロジー」の必要性を説きました。ただし、こうした「身の丈に合ったテクノロジー」を普及させていくための決定的なブレークスルーは、未だ起こっていません。

※77 ★「コンヴィヴィアリティ・イリイチの自立共生」『けあサポ』2019年12月23日配信記事参考。

そこで僕が希望を見出しているのが、「テクノ民藝」なのです。地域コミュニティの人が、自らのコミュニティのために開発する、地産地消のテクノロジー。たとえば、農業や醸造を効率化するデジタルサービス。また、バスを定常運行させない代わりに、必要に応じてアプリで呼ぶ仕組み。こうした「オンデマンドバス」はすでにいくつかの地域で実験がなされており、[※78] ガソリンや運転手の人件費の節約にもつながっています。また、自動運転の導入も試験的に行われつつあります。

こうした地域サービスは、地域やユーザーごとにカスタマイズした設計にする必要があるため、Ｇｏｏｇｌｅのようなプラットフォーマーは手を出したがりません。ローカルにおいては課題解決につながって高い価値を生み出すけれど、薄く広く展開することは難しい技術。これこそが「テクノ民藝」であり、シューマッハーの言う「人間の顔を持った技術」、イリイチの言う「コンヴィヴィアリテ

※78 ★たとえば、横浜市内では、時刻表も決まった経路もなく、客がスマートフォンなどで必要なときに呼ぶバスの実証実験が行われたり、博多湾に建設された人工島・アイランドシティ地区では、利用客のリクエストに応じて適宜ルートを設定しながら運行する乗り合い型の交通サービスが開始されたりしている。

2021年3月から運行しているOsaka Metro Groupのオンデマンドバスは、既存の鉄道や路線バスのラストワンマイルなど、交通課題の解消を目指す。

ィのための道具」、ワイザーの言う「カーム・テクノロジー」そのものなのではないでしょうか。

そして、こうした「テクノ民藝」的なテクノロジーを開発したり活用したりすることは、自らがコミュニティの一員であることを否応なしに認識させてくれます。こうして共同体としての意識を取り戻していくことで、新しい「祝祭性」が立ち上がってくると僕は考えています。地域コミュニティごとの身の丈に合った、「テクノ民藝性」を有する技術は、祝祭性の復活へのカギとなると思うのです。

「マタギドライヴ」的に生きる〝格好いい〟高齢者

「老い」をめぐる思考の旅も、終わりが近づいてきました。本章では「テクノ民藝性」という、一見「老い」とは関係がなさそうなトピックについて紹介したうえで、介護の未来について論じてきました。しかし、「テクノ民藝性」は介護だけの話にとどまらず、人が「生きる」ということにかかわる、非常に重要なキーワードだと考えています。

僕の考えでは、クリエイションとは「生きること」です。クリエイティブであるということは、常に何かを生み出そうと試行錯誤しながら、時間と空間に存在するということ。健全な精神と肉体を育むために、動物的な狩猟性は不可欠です。そして、それは闘争や暴力、暴動といったかたちではなく、クリエイションというかたちで発露されるべきだと考えています。

これまでのクリエイションは、アーティストや一部のクリエイターだけの特権であり、分業されるカテゴリー名でしかなかったのかもしれません。しかし、デジタルネイチャー時代になり、ある程度限界費用がゼロに近づきつつあるいま、誰もがクリエイションを行えるようになりました。原材料は、ECサイトから手軽に手に入ります。経済活動も、メルカリのようなC2C[※79]プラットフォームやSNS、YouTubeのような動画共有サイトを活用すれば、手軽に行えます。スマートフォンのカメラで動画を撮り、YouTubeにアップロードするだけで、クリエイションと、それにもとづく経済活動が実現するのです。

1980年頃、アメリカの現代美術家ナム・ジュン・パイクは、「ステーショナリー・ノマド（遊牧定住者）」という生き方を提唱しました。インターネット普及前夜の当時、その生き方が広まることはほとんどありませんでした。しかし、2020年代の現在は違います。多くの地域において、あらゆるモノがインター

※79 「Consumer to Consumer」の略で、「一般消費者と一般消費者の間の取引」を意味する。

ネットで買えて、Ｚｏｏｍを介して世界中のどことでもつながれる。これにより、遊牧民的な生き方を実現できるようになったのです。さらに、前述の通り、クリエイションも手軽に行えるため、ある種の狩猟採集民族としての性質も帯びていると思います。好きな場所で、狩猟採集をしながら暮していく。農耕民族の外側にあるこうした生き方を、僕は「マタギドライヴ」と名付けています。

そして、マタギドライヴ的な生き方は、高齢者こそがフィットしていると思います。高齢者はお金や知識の蓄積が豊富です。社会サービスも高齢者に優しい。だからこそ、それらを活かして、マタギ的に、クリエイションを重ねながら生きていきやすい。現代のステーショナリーノマドは、さまざまなところから始まると思うのです。そして、社会システムは、若い人たちが作る。こうした農耕民族的な生き方の外で、高齢者は狩猟民族的に生きる。あらゆる限界費用が低下し、テクノロジーによる身体の補完や情緒的ケアが大きく進んだ現代だからこそ、実現していく状況です。そうしたクリエイションベースの生き方はとても格好いいと、僕は思います。

「テクノ民藝」の時代とは、誰もがより長く、自分らしい暮らしを追究できる時代です。特別なことではない、ものづくりの精神を誰もが持ち、クリエイションを重ねていくことこそが、「老い」に対するこれからの向き合い方である——そんな提言をもって、本書を締めたいと思います。

おわりに：「豊かな人生」を送るために

２０２１年現在、かつてないほど目まぐるしいスピードで、「老い」が変質しつつある時代に置かれていると思います。

たとえば、２０２１年6月、米製薬大手バイオジェンと日本のエーザイが開発したアルツハイマー病の治療薬候補「アデュカヌマブ」の製造販売が、米食品医薬品局（ＦＤＡ）によって認可されました。[※80] もちろん、これはすぐさま「認知症が薬で治る時代になった」ことを意味するわけではありません。しかし、これまで進行は止められないものと思われていた認知症が、少しずつ克服されつつある兆しだととらえることも可能でしょう。今後も、いわゆるアンチエイジングに資する薬は、次々と世に送り出されていくのではないでしょうか。

※80 ★「認知症新薬、国内承認の結論は年末か　「夢の薬か審査」」『朝日新聞デジタル』２０２１年6月8日19時00分配信記事参考。

本書の中でも繰り返し触れてきたように、コロナ禍も、大きく「老い」を変えつつあります。２０２０年は「デジタルトランスフォーメーション（ＤＸ）」という言葉を何度も目にするようになりましたが、あらゆる領域でデジタル化が一気に進みました。それによって、いつでも、どこでも、誰とでも会話しやすい社会環境が整いつつあり、もともと外出へのハードルがあった高齢者の方にとっては、暮らしやすくなったり、楽しめるものが増えたりしている側面もあるでしょう。コロナ禍以前には、高齢者の方同士でオンライン飲み会をするなんて、想像もしていなかった人が大半だと思います。また、ワクチン開発に際して、新しい医療技術を急速に認可して実用化していく仕組みが整った側面もあると思うので、今後はエイジングに関する新薬が、より一層スピーディーに生み出されていくかもしれません。

こうして身体的な老いが再定義されていく中でも、社会的な「老い」への認識や社会制度が変わるのは非常に低迷に感じます。この両者の関係性は、非常に難しい問題です。なぜなら、現在は定年制度によって、世代交代がある程度なされるような仕組みが担保されているからです。身体的な老いの変化に伴い、社会的な老いはどのように再定義していくべきなのか。そうした変化の渦中において、老いをポジティブに受け入れていくには、どうすればいいのか。この問いに対するヒントを探すため、本書ではさまざまな角度から試論を展開してきました。もちろん、すぐに明瞭な答えを出せるような問題ではないので、本書での議論も参考に、読者の皆さん一人ひとりに考え続けてもらえると嬉しいです。

その前提で、最後に、僕が最近よく考えていることについて書き記します。ポジティブに老いていく、もっといえばよりよく生きていくために大切なのは、「豊かさ」だと思うのです。

冒頭の養老先生との対談でも、この「豊かさ」については少し触れました。実はあの対談の後にもう一度、養老先生とお話しする機会があったのですが、そのときに改めて「豊かさ」について考えさせられたのです。養老先生は、「やりたいことを好きにやっていい」状況になったら、ずっと虫を捕っていたいといっていました。そのとき、こう思ったのです。好きなことや好きなものを持ち続けて、それに取り組んでいきながら老いていくのは、とても豊かなことだなと。

「豊か」であることは、一概には定義できません。金銭的な豊かさ、生活の多様な豊かさ、時間的な豊かさ……。人によってさまざまですし、時代によって変わりゆくものでもあります。「若さ」や「老い」の定義、「働く」の中身が大きく変わりつつある現代は、「豊かさ」の定義が揺らいでいる時代でもあるでしょう。だからこそ、自分にとっての「豊かさ」とは何かを改めて考える必要がありますし、それが養老先生のような豊かな老いを実現していくためのキモなのではないかと思っています。

そして、テクノロジーの発展は、より多様な「豊かさ」を可能にしてくれると思います。この「豊かさ」こそが、僕らがこれから目指していくべき「新しい成長」といえるのではないでしょうか。

突然ですが、僕は最近よくAmazonでハマグリを買っています。Amazonで「ハマグリ」と調べると、ノーブランドのハマグリがたくさん出てくるのですが、よく見ると「茨城県もしくは千葉県」と書いてある。つまり、特定のブランドではなく、一定の価格帯におさまるように、近郊で獲れたハマグリがその時々の状況に応じて選定され、たった数日後には送られてくるという仕組みだと私は理解しています。

これはまさに、かつて築地市場が果たしていた役割を代替しているといえるのではないでしょうか。市場に出かけなくても、ノーブランドのハマグリが、Amazonで買える世界になっている。さらに、第5章の最後でも書いたように、消費のみならず、生産や流通の限界費用も著しく低下している。買ったハマグリを、レシピサイトを見ながら自分で料理することも容易ですし、料理動画をYouTubeにアップロードすれば広告収入も稼げます。近い未来には、家で調理したものを、フードデリバリーサービスのようなもので第三者に販売することも可能になるかもしれません。かつて、未来学者のアルビン・トフラーは1980年に刊行した著書『第三の波』で、生産活動も行う「プロシューマー（生産消費者）」という概念を提示しましたが、デジタルネイチャー時代に突入したいま、まさにプロシューマーが現実のものになろうとしているのです。

ハマグリだけでなく、鹿肉やココナッツなど、さまざまな種類の食べ物で同じような世界が到来しています。ノーブランドのものだけでなく、小さなブランドがもたらす豊かさも、享受しやすくなっています。僕は最近、国内のブリュワリーで製造されたクラフトビールにはまっています。もともと大手ビールメーカーを目指していたわけではなく、主に地産地消で造られていたビールを、自由に買えるようになっている。第5章でも書いた「テクノ民藝性」によって生み出された多様な「豊かさ」を、手軽に享受できるようになっているのです。これまで身体を使って移動しないと享受できなかった「豊かさ」に、ボタン一つでアクセスし、自宅に居ながらクリエイションや流通まで手を広げられ、さらなる「豊かさ」を生み出せるようになっている。もちろん、外に出て実際に身体を動かしてこそ得られる「豊かさ」があることを否定する気はありません。しかし、身体が動かなくなっても、忙しくて出かけられなくても、サ高住に住んでいても、家にいながらにして手に入る「豊かさ」の選択肢が広がっていることは、明らかにデジタル化による恩恵だと思うのです。

身体的な自由度が減っても、この世界の複雑性を堪能して、自らクリエイションする豊かな生を、謳歌しやすくなっている。いま挙げた事例のほかにも、似たような事例はたくさん挙げられます。昔はカメラ屋をめぐらないと手に入らなかったマニアックなカメラのパーツも、フリマアプリで、簡単に手に入る。ギャラリーではなく、ネットオークションで絵が売り買いされるケースも増えている。

茶杓《ちゃしゃく》を作るための道具だって、Ａｍａｚｏｎで安価に手に入る。金継ぎキットだって、Ａｍａｚｏｎで数千円で売っています。実は、大正時代のアイロンだって、ネットオークションで数千円で入手することが可能です。デジタルテクノロジーの発展によって、世界の複雑な豊かさを楽しむための限界費用が、ものすごく低くなっているのです。さらに、それはよりサステナブルな世界を実現すると思います。個々がスーパーマーケットを往復するよりも、配達員が一台のバイクで個々の家庭に届けたほうが、炭素消費も少なく済む場合も多いです。

21世紀は、身体的な老いを迎えても、その人なりの「豊かさ」を実現するための選択肢が、たくさん広がっている時代になっていくでしょう。だからこそ、自分にとっての「豊かさ」とは何か、その問いにしっかりと向き合うことが大切で、それこそが豊かな「老い」をもたらし、「新しい成長」を実現していくのだと思っています。

本書を書き終えた後、介護職や保育士などの処遇改善を目指して国が取り組む全世代型社会保障構築会議・公的価格評価検討委員会の構成員として名を連ねることになりました。そこでは、次のようにコメントしました。

僕は、基本的に人口減少社会を人口収斂社会と言い換えて、下記の3つの実験場だと考えています。

①サプライチェーンを安定化させ、地産地消より短くすることで、サーキュラーエコノミー的リユース・リサイクルとともに地産地消に過ごす穏やかな社会

②過去にナム・ジュン・パイクが夢想した「デジタルで定住する遊牧民」のようにエネルギー負荷を減らす社会

③ライフスタイルのＨＣＩ※81研究をしながらウェルビーイングを大切にし、豊かに生きる社会

※81 「Human Computer

それがこのローカルの最適解に思っています。デジタルは互いの理解、対話のためのツール、安心のためのインフラです。その議論のお手伝いができれば幸いです。

このコメントは、この本で述べてきた思索が土台となっています。こうした考えをもとに超高齢社会の課題とこれからも向き合っていきます。

出版にあたって、たくさんの方々にお世話になりました。書籍化の話を取りまとめて、制作を推進してくださった中央法規出版第1編集部の渡邉拓也さん、国保昌さんには、とくに尽力いただきました。お二人、そしてかかわってくれたすべての方々に、この場を借りて御礼申し上げます。本当にありがとうございました。

そして何より、最後まで読んでくださった読者の方々。僕としても専門外のこ

Interaction」の略で、計算機技術の設計や利用方法について研究し、とくにユーザーである人間と計算機との接点（インターフェイス）について着目した研究分野。

とを学びながら書き進める、チャレンジングな本でしたが、最後までお付き合いいただき、本当にありがとうございました。皆さんが、「豊か」な生や老いを享受していくために、この本が何かしらのヒントをお渡しできたなら、望外の喜びです。専門外のことにも多々言及し、不勉強なところも散見されたかもしれませんが、温かく見守ってくれると幸いです。

豊かな人生をお送りください。

２０２１年11月　落合陽一

注釈の出典・参考文献一覧

序章

※2 「『デジタルネイチャー 生態系を為す汎神化した計算機による侘と寂』（PLANETS／第二次惑星開発委員会）著者：落合陽一 養老 孟司による書評」『ALL REVIEWS』2018年9月10日配信記事。（URL = https://allreviews.jp/review/2573）

※4 WHO「The top 10 causes of death」（2020年12月9日）から算出。（URL = https://www.who.int/news-room/fact-sheets/detail/the-top-10-causes-of-death）

※5 2001年に策定されたミレニアム開発目標（MDGs）の後継として、2015年9月の国連サミットで加盟国の全会一致で採択された「持続可能な開発のための2030アジェンダ」に記載された、2030年までに持続可能でよりよい世界を目指す国際目標のこと。（参考 外務省「SDGsとは?」URL = https://www.mofa.go.jp/mofaj/gaiko/oda/sdgs/about/index.html）

※6 地球上の炭素（C）の総量に変動をきたさない、CO2の排出と吸収がプラスマイナスゼロになるようなエネルギー利用のあり方やシステムの社会実装を指す概念。（参考「「カーボンニュートラル」って何? 脱炭素社会に生きるための基礎知識 炭素をゼロにする地球全体のミッションのために知っておきたいこと」『EMIRA』2019年10月16日配信。（URL = https://emira-t.jp/special/12373/））

※7 気象庁は2020年8月1日に、関東甲信地方と東海地方が梅雨明けしたとみられると発表したが、平年より11日遅かった。1951年の統計開始以来、異例の長梅雨で、明けの時期が不明な93年を除くと、関東甲信は4位タイの遅さとなる。（参考「関東甲信が梅雨明け 歴代4位タイの遅さ、8月にずれ込みは13年ぶり」『東京新聞TOKYO Web』2020年8月1日11時31分配信（URL = https://www.tokyo-np.co.jp/article/46365））

※8 「コロナ禍で加速する地方移住 東京が最大の人口流出地域に」『ニューズウィーク日本版 オフィシャルサイト』2020年12月2日16時00分配信記事参考。（URL = https://www.newsweekjapan.jp/stories/

world/2020/12/post-95110.php)。

※9　1951年の死者のうち、82・5%が自宅で亡くなっていた。これが2009年年には、12・4%まで減少し、病院で亡くなる人が78・4%、介護施設で亡くなる人が3・2%と、自宅以外で亡くなる人が大きく増えている。さらに、近年では、看取り加算が設けられるなど、さらに自宅以外での死が当たり前の世の中になっている。(参考　厚生労働省「人口動態統計年報　主要統計表(最新データ、年次推移)」第5表　死亡の場所別にみた死亡数・構成割合の年次推移(URL = https://www.mhlw.go.jp/toukei/saikin/hw/jinkou/suii09/deth5.html))

※10　たとえば江戸時代に乳児死亡率が改善されていた信州横内村の平均余命(1675年~1740年)をあげると、5歳児の平均余命が男46歳、女42・8歳。令和2年の5歳児の日本の平均余命は、男76・83歳、女82・93歳。男は1・67倍、女は1・94倍に増えている。(参考『人口から読む日本の歴史』(鬼頭宏　講談社学術文庫)、厚生労働省「令和2年簡易生命表の概況」)

※11　すぐれた人も年をとると凡人に劣るというたとえ。(『学研全訳古語辞典』(URL = https://kobun.weblio.jp/content/))

※13　2019年11月、京都市で難病の筋萎縮性側索硬化症(ALS)の女性患者が死亡し、女性に頼まれて薬物を投与したとする嘱託殺人容疑で医師2人が逮捕された。2020年8月、容疑者2名が起訴され議論を呼んだ。(参考「嘱託殺人罪で2医師を起訴　ALS患者死亡、京都地検」『朝日新聞デジタル』2020年8月13日13時17分配信(URL = https://digital.asahi.com/articles/ASN8F46VNN8FPTIL00Q.html))

第1章

※14　条文は以下の通り。
この法律は、加齢に伴って生ずる心身の変化に起因する疾病等により要介護状態となり、入浴、排せつ、食事等の介護、機能訓練並びに看護及び療養上の管理その他の医療を要する者等について、これらの者が尊厳を保持し、その有する能力に応じ自立した日常生活を営むことができるよう、必要な保健医療サービス及び福祉サービスに係る給付を行うため、国民の共同連帯の理念に基づき介護保険制度を設け、その行う保険給付等に関して必要な事項を定め、もって国民の保健医療の向上及び福祉の増進を図ることを目的

とする。（参考　厚生労働省「介護保険法」（URL＝https://www.mhlw.go.jp/web/t_doc?dataId=82998034&dataType=0&pageNo=1））

※15　乙武洋匡さんは「OTOTAKE　PROJECT」で義足による二足歩行にチャレンジしている。このプロジェクトは2018年にスタートした。（参考　Sony CSL「OTOTAKE　PROJECT」（URL＝https://www.sonycsl.co.jp/tokyo/ken/6644/））

※16　2020年10月1日現在、65歳以上の人口は3619万人。（参考　内閣府「令和3年版高齢社会白書」（URL=https://www8.cao.go.jp/kourei/whitepaper/w-2021/gaiyou/pdf/1s1s.pdf））

※17　国立社会保障・人口問題研究所「日本の将来推計人口」（平成29年推計）の2060年の予測の数字。（参考　国立社会保障・人口問題研究所「日本の将来推計人口（平成29年推計）」（URL＝http://www.ipss.go.jp/pp-zenkoku/j/zenkoku2017/pp29_gaiyou.pdf））

※18　介護サービスに従事する従業員の不足感（「大いに不足」＋「不足」＋「やや不足」）は66・2％（前年度69・7％）であり、「適当」は32・4％（同28・9％）だった。（参考　公益財団法人介護労働安定センター「令和2年度介護労働実態調査結果について」（http://www.kaigo-center.or.jp/report/2021r01_chousa_01.html））

※19　2025年の需要見込みは244万6562人、供給見込みは210万9956人でその差は33万6606人となる。（参考　厚生労働省の報道発表資料「第7期介護保険事業計画に基づく介護人材の必要数について」（URL＝https://www.mhlw.go.jp/stf/houdou/0000207323.html））

※20　「介護関連の人材不足、79万人に　2035年に20倍　経産省試算」『産経新聞』ウェブ　2018年5月8日5時配信記事参考。（URL＝https://www.sankei.com/economy/news/180508/ecn1805080010-n1.html）

※21　厚生労働省の「令和2年賃金構造基本統計調査」参考。（URL＝//www.mhlw.go.jp/toukei/list/chinginkouzou.html）

※22　総務省統計局「世界の統計2020」の2020年時の日本の中位年齢。（参考　URL＝https://www.stat.go.jp/data/sekai/pdf/2020al.pdf）

第2章

※25　パイオニア社製。振動装置が組み込まれたポーチと

ザブトンクッションで構成されており、これらのシステムを使用すると、小音量でも振動ユニットからは臨場感溢れる重低音振動が直接体に伝わり、聴覚障がいのある方（補聴器を使っている難聴、または中途失聴の方）も音楽を楽しむことができる。（参考　Ｐｉｏｎｅｅｒ（URL＝https://jpn.pioneer/ja/corp/sustainability/karadadekikou/about/））

※26　ピクシーダストテクノロジーズ社製。抱きかかえることで音楽を視覚と触覚で感じられる球体型デバイス。（参考　ピクシーダストテクノロジーズ（URL＝https://pixiedusttech.com/technologies/sound-hug/））

※27　落合が博報堂と共同開発した。楽曲を演奏パートごとに分解し、ジャケットに内蔵された小型スピーカーから個別に再生する。身体の動きに合わせて音楽の聞こえ方が変化するため、触覚を含めライブハウスのような音楽体験が可能になる。（参考　博報堂「博報堂、音楽を〝身体〟に着ることで、どこでもライブ体験を実現する　ジャケット型ウェアラブルデバイス「ＬＩＶＥ　ＪＡＣＫＥＴ」を開発」（URL＝https://www.hakuhodo.co.jp/news/info/38600/））

※28　「Prosthesis with neuromorphic multilayered e-dermis perceives touch and pain」（Luke Osborn, Andrei Dragomir, Joseph　L Betthauser, Christopher L Hunt）（出典　『ＳｃｉｅｎｃｅＲｏｂｏｔｉｃｓ』（Ｖｏｌ３［Ｉｓｓｕｅ19］）（URL＝https://www.science.org/doi/10.1126/scirobotics.aat3818））

※29　日本の建築家で、特別養護老人ホームに「個室」によるユニットケアやグループホームの制度化を推進した外山義氏は、「日本人の持っている家族のイメージに近づけようとすると、その分職員の負担が大きくなりますよね。家族のように関係を深くしていかなければならないとなると職員は追い込まれていく気がするのです」と指摘している。（参考　『ユニットケアのすすめ―特養・老健でも、宅老所・グループホームのような家庭的なケアができる。』（外山義ら　全国コミュニティライフサポートセンター））

※30　介護職員・在宅介護及びデイサービスセンターで勤務経験もありライターでもあるというふじもりちえこ氏は、「介護職にとって、『看取ることはやりがいのあるケア』だということも言われます」と指摘する一方、「利用者の最期に直面すると、家族や親族といった立場でなくても、悲しさや寂しさ、無力感といったものを感じる介護職は多いでしょう」とも指摘している。（参考　介護専門求人サイト「カイゴジョブ」（URL＝https://www.kaigojob.

com/pages/carezine/article/47/283/））

※31　ちなみに、グループホームや小規模多機能型居住介護施設、看護小規模多機能型居住介護施設において、1人体制の夜勤が恒常的に行われている。夜間にいつ起きるかわからない利用者への対応以外にも、日中できなかった業務や翌日の朝食の準備などもあり、1人夜勤では仮眠や休憩をほとんど取れない状況になっている。（参考「2020年介護施設夜勤実態調査結果」『医療労働』2021年2月号（URL＝http://irouren.or.jp/research/6620786b02aef4707b52639ec5c3efdfec26cfd1.pdf））

※32　ANAホールディングスが2020年4月1日、これまでデジタル・デザイン・ラボにてプロジェクトとして進行していた「アバター」を、社会インフラ化し事業として立ち上げるために設立した、同ホールディングス初のスタートアップ会社。（参考　avatarin（URL＝https://about.avatarin.com））

※33　大阪大学大学院人間科学研究科教授・佐藤眞一の研究室の協力によって行われたテレノイドの調査結果より。（参考『認知症の人の心の中はどうなっているのか?』（佐藤眞一著　光文社新書刊））

※34　たとえば、「高齢者モニタリングのためのカメラ画像を用いた異常動作検出」（関弘和、堀洋一）や、「深度画像を用いた高齢者の危険行動検知」（立場将太、花沢明俊）などの論文がある。（URL＝https://ci.nii.ac.jp/naid/10007790942、https://ci.nii.ac.jp/naid/110009636803）

※35　たとえば、2018年8月、MITの研究者らは、日常会話のテキストと音声からうつ病を示すパターンを検出する機械学習モデルを発表した。一連の言葉や話し方のパターンを分析することで、うつ状態かどうかなどが判断できるという。（参考「Model can more naturally detect depression in conversations」『MIT News』2019年8月29日配信（URL＝http://news.mit.edu/2018/neural-network-model-detect-depression-conversations-0830））

※36　たとえば、2017年6月、イスラエルのスタートアップ・ビヨンドバーバルは、米アップルの「Siri」や米アマゾン・ドット・コムの「アレクサ」などの人工知能（AI）スピーカーに話し声から人の感情を読み取らせる技術を公開した。話の中身や文脈を考慮せず、イントネーションを分析して不安や興奮、怒りなどの感情のサインを見つけ出すという。（参考「声のトーンで感情理解　AIスピーカーに付加機能」『日本経済新聞』2017年6月29日6時30分配信（URL＝https://www.nikkei.com/

article/DGXMZO18202610Y7A620C1000000/))

※37 シャープ株式会社が開発したヒューマノイドロボット。電話やメール、カメラなど携帯電話の基本的な機能を備えており、全機能が音声対話による操作に対応している。（参考 シャープ URL = https://corporate.jp.sharp/news/160414-a.html)

※38 落合が委員を務める未来イノベーションWGが2019年3月に発表した資料「未来イノベーションWGからのメッセージ」とＣｏａｉｄｏの公式HP参考。（URL = https://www.meti.go.jp/shingikai/mono_info_service/mirai_innovation/pdf/ct_zentai_201903.pdf、URL = http://www.coaido.com)

※39 前掲資料「未来イノベーションWGからのメッセージ」とＦＡＬＣＫの公式HP参考。（URL = https://www.falck.com)

※40 前掲資料「未来イノベーションWGからのメッセージ」とＱＭｅｄｉｃの公式HP参考。（URL = https://www.qmedichealth.com)

※41 前掲資料「未来イノベーションWGからのメッセージ」とアボットジャパン合同会社の公式HP参考。（URL = https://www.abbott.co.jp)

※42 前掲資料「未来イノベーションWGからのメッセージ」とＦＤＡ、糖尿病ネットワークの公式HP参考。（URL = https://www.fda.gov、URL = https://dm-net.co.jp)

※43 前掲資料「未来イノベーションWGからのメッセージ」とＷｉｎｔｅｒｌｉｇｈｔＬａｂｓの公式HP参考。(URL = https://winterlightlabs.com)

※44 前掲資料「未来イノベーションWGからのメッセージ」とｅｍｇｌａｒｅの公式HP参考。（URL = https://emglare.com)

※45 前掲資料「未来イノベーションWGからのメッセージ」とＭＩＴＳＵＦＵＪＩの公式HP参考。（URL = https://www.mitsufuji.co.jp)

※46 前掲資料「未来イノベーションWGからのメッセージ」とｏｃｈｓｎｅｒの公式HP参考。（URL = https://www.ochsner.org)

※47 前掲資料「未来イノベーションWGからのメッセージ」とＥｍｐａｔｈの公式HP参考。（URL = https://www.webempath.com/jpn)

※48 前掲資料「未来イノベーションWGからのメッセージ」と独立行政法人情報処理推進機構（ＩＰＡ）とＲＦＩＤ ＪＯＵＲＮＡＬの公式HP参考。（URL = https://www.ipa.go.jp、URL = https://www.rfidjournal.

com）

第3章

※49　デジタル技術の進展と、あらゆるモノがインターネットにつながるIoTの発展により、限界費用や取引費用の低減が進み、新たな経済発展や社会構造の変革を誘発すると議論されている産業革命。（参考　株式会社三菱総合研究所「第４次産業革命における産業構造分析とIoT・AI等の進展に係る現状及び課題に関する調査研究報告書」（２０１７年３月）（URL＝https://www.soumu.go.jp/johotsusintokei/linkdata/h29_03_houkoku.pdf））

※50　日本介護予防協会によれば、２０１４年度の介護サービス市場の規模は８・６兆円だったが、２０２５年には18・７兆円になる見通しとのこと。（参考　URL＝https://www.kaigoyobou.org/useful_blog/2093/）

※52　人口減によって労働力人口が減少して成長率が低くなることを「人口オーナス」と呼ぶが、内閣府は「今後、人口オーナスに直面し、成長率が低減することが懸念される」と警鐘を鳴らしている。（URL＝https://www5.cao.go.jp/keizai-shimon/kaigi/special/future/sentaku/s3_2_11.html）

※53　「アフリカの人口、21億人に倍増　変わる人口地図（４）」『日本経済新聞』２０１９年６月21日18時43分配信記事参考。（URL＝https://www.nikkei.com/article/DGXMZO46414670R20C19A6FF8000/）

※54　総務省統計局「人口推計（２０２１年２月報）」参考。（URL＝https://www.stat.go.jp/data/jinsui/pdf/202102.pdf）

※55　国立社会保障・人口問題研究所の「日本の将来推計人口（平成29年推計）」の結果の概要参考。（URL＝http://www.ipss.go.jp/pp-zenkoku/j/zenkoku2017/pp29_gaiyou.pdf）

※56　法務省の出入国在留管理庁による２０１９年６月末現在における在留外国人数（速報値）は、２８２万９４１６人で、前年末に比べ９万８３２３人（３・６％）増加となり過去最高を記録した。（参考　出入国在留管理庁「令和元年６月末現在における在留外国人数について（速報値　）」（URL＝http://www.moj.go.jp/isa/publications/press/nyuukokukanri04_00083.html））

※57　「中国における少子高齢化とその社会経済への影響—人口センサスに基づく実証分析—」（厳 善平）参考。（出

典『JRーレビュー』（2013年Vol―3）（URL＝https://www.jri.co.jp/MediaLibrary/file/report/jrireview/pdf/6642.pdf））

※58 大阪万博は2025年5月3日から11月3日までの185日間にわたって、大阪湾の人工島・夢洲で開催される。想定来場者数は約2800万人。経済波及効果（試算値）は約2兆円とされている。（参考 一般社団法人2025年日本国際博覧会協会（URL＝https://www.expo2025.or.jp/overview/））

※59 1970年の大阪万博では当時としては万博史上最多の6422万人が来場。この来場者数は2010年の上海万博（7308万人）まで破られなかった。経済効果は約4兆9500億円。（参考「経済効果6兆円？『大阪万博』誘致に問題は」『日テレNEWS24』2016年10月3日19時32分配信（URL＝http://www.news24.jp/articles/2016/10/03/07342647.html））

第4章

※61 岩切一幸ら(独立行政法人労働安全衛生総合研究所)の2014年1月から3月に行った調査によれば、リフトを時々・しばしば・必ず使用する者は移乗時に10・8％、入浴時に38・7％。一方、人力で要介護者を時々・しばしば・必ず持ち上げる者は移乗時に96・7％と入浴時に92・3％だという。（参考「介護施設における安全衛生活動が介護者の腰痛に及ぼす影響 第2報 -全国の特別養護老人ホームを対象にした調査-」『人間工学』第51巻特別号（2015年）（URL＝https://www.jstage.jst.go.jp/article/jje/51/Supplement/51_S106/_pdf））

※65 2008年に設立。本社は米国カリフォルニア州サンフランシスコ市。2015年6月には、米GitHubの日本支社としてギットハブ・ジャパンが設立。2700万人もの開発者に利用されている。GitHub上で、エンジニア各々が公開用のプログラムをアップして自分以外のエンジニアに共有。その後、履歴を残しながら更新したり、自分以外のエンジニアも修正を加えることが可能。（参考 URL＝https://github.co.jp）

※66 ファブラボ品川では3Dプリンタでつくる自助具プラットフォームを同施設のホームページ内で公開しており、無料で3Dデータをダウンロードして自助具の作製が可能となっている。（参考 ファブラボ品川（URL＝https://www.fablab-shinagawa.org））

※67「テレビ見過ぎの年配者、記憶力低下 刺激がストレスに？」朝日新聞デジタル 2019年3月6日11時46

分配信記事参考。（URL=https://www.asahi.com/articles/ASM2V3T4CM2VULBJ003.html）

※68　一般社団法人・高齢者住宅協会の資料「サービス付き高齢者向け住宅の現状と分析」（２０２１年８月）参考。（URL ＝ https://www.satsuki-jutaku.jp/doc/system_registration_02.pdf）

※69　保険給付関係の平成28年度累計の総数は、費用額（居住サービス４兆９４２９億円、地域密着型サービス１兆５２９０億円、施設サービス３兆１８９３億円の合計額）９兆６６１１億円（利用者負担を除いた給付費８兆６７１７億円）となっている。（参考　厚生労働省「平成28年度介護保険事業状況報告（年報）」（URL ＝ https://www.mhlw.go.jp/topics/kaigo/osirase/jigyo/16/dl/h28_gaiyou.pdf）

第5章

※71　日本民藝協会「民藝とは何か」参考。（URL=https://www.nihon-mingeikyoukai.jp/about/）

※73　株式会社メディヴァの大石佳能子氏によれば、オランダでは、夜間の見守りは一人で50人の高齢者を担当している一方、日本では制度的な問題もあり、介護職一人が見守れるのは15人程度で、３倍の生産性の差があるという。（参考　２０１８年７月、六本木ニコファーレにて開催された『【落合陽一・小泉進次郎 共同企画】平成最後の夏期講習（社会科編）第一回・人生１００年時代の社会保障とＰｏｌｉＴｅｃｈ』での大石氏の講義「人生１００年の幸せな老後」（URL ＝ https://logmi.jp/business/articles/310911））

※74　株式会社リクルートキャリア「ＨＥＬＰＭＡＮ　ＪＡＰＡＮ「介護サービス業で働く人の満足度調査」」参考。（URL ＝ https://www.recruitcareer.co.jp/news/20181225.pdf）

※75　シニアがＰａｐａのアプリに登録すると、Ｐａｐａは同じく登録済みの大学生をシニア宅に派遣する。なお派遣される大学生はいくつものパーソナルテストを実施し、トレーニングを行って合格した者のみとなっている。（参考「大学生をシニア家庭に派遣する。アメリカで急成長する異世代交流アプリ「Ｐａｐａ」」『ＩＤＥＡＳ　ＦＯＲ　ＧＯＯＤ』２０１８年10月10日配信（URL ＝ https://ideasforgood.jp/2018/10/10/papa-app/））

※76　祭りを研究していた元立教大学教授の松平誠氏は、「祝祭」を「日常世界の反転、それからの脱却と変身によって、日常的な現実を客観化・対象化し、それによって感

性の世界を復活させ、社会的な共感を生み出す共同行為」と定義し、1930年代まで、伝統型の都市では「神社祭礼に依拠して生活共同の認知がはかられ、そこに共同帰属原理が求められてきた」と指摘している。（参考『都市祝祭の社会学』（松平誠　有斐閣））

※77　「コンヴィヴィアリティ・イリイチの自立共生」『けあサポ』2019年12月23日配信記事参考。（URL＝https://www.caresapo.jp/senmon/blog-munesawa/48962）

※78　たとえば、横浜市内では、時刻表も決まった経路もなく、客がスマートフォンなどで必要なときに呼ぶバスの実証実験が行われたり、博多湾に建設された人工島・アイランドシティ地区では、利用客のリクエストに応じて適宜ルートを設定しながら運行する乗り合い型の交通サービスが開始されたりしている。（参考「神奈川）スマホで呼ぶ「AIバス」、横浜で実験運行中」朝日新聞デジタル2018年10月17日3時配信（URL=https://digital.asahi.com/articles/ASLB5571GLB5ULOB01C.html）、オンデマンドバス「のるーと」（URL=https://knowroute.jp））

おわりに

※80　「認知症新薬、国内承認の結論は年末か「夢の薬か審査」」『朝日新聞デジタル』2021年6月8日19時00分配信記事参考。（URL=https://digital.asahi.com/articles/ASP685H86P68ULBJ00S.html）

落合陽一 Yoichi Ochiai

1987年東京都生まれ。筑波大学情報学群情報メディア創成学類を卒業し、東京大学大学院学際情報学府で博士号を取得（学際情報学府初の早期修了者）。現在、筑波大学図書館情報メディア系准教授／デジタルネイチャー開発研究センター・センター長。ベンチャー企業や一般社団法人の代表を務めるほか、政府有識者会議の委員等も歴任。メディアアーティストとして個展も多数開催し、EUのSTARTS PrizeやメディアアートPrix Ars Electronicaなど、研究から芸術に至るさまざまな分野において国内外で受賞多数。日本テレビ系「news zero」やNewsPicksのライブ動画番組「WEEKLY OCHIAI」、NHK Eテレ「ズームバック×オチアイ」など、メディアでの発信も行う。著書に『魔法の世紀』『デジタルネイチャー』『2030年の世界地図帳』などがある。

落合陽一 34歳、「老い」と向き合う

超高齢社会における新しい成長

2021年12月15日 発行

著　者 ―――― 落合陽一
発行者 ―――― 荘村明彦
発行所 ―――― 中央法規出版株式会社
〒110-0016 東京都台東区台東3-29-1 中央法規ビル
TEL 03-6387-3196
https://www.chuohoki.co.jp/

執筆協力 ―――― 長谷川リョー、小池真幸
フォトグラファー ―― 清水朝子（帯、序章・第3章・第5章扉）
ヘアメイク ―――― 木村真弓（株式会社マービィ）
写真提供 ―――― 株式会社テレノイドケア（143頁写真）、
大阪市高速電気軌道株式会社（246頁写真）
ブックデザイン ―― 鈴木成一デザイン室
本文デザイン ――― 下舘洋子（bottomgraphic）
本文DTP ―――― 山本秀一・深雪（G-clef）
編集協力 ―――― 中野一気・六原ちず（中野エディット）

印刷・製本 ―――― 図書印刷株式会社

定価はカバーに表示してあります。
ISBN978-4-8058-8387-7

本書の内容に関するご質問については、下記URLから「お問い合わせフォーム」にご入力いただきますようにお願いいたします。
https://www.chuohoki.co.jp/contact/